westermann

Andreas Andersch

Prüfungstraining Kompakt

Steuerfachangestellte

1. Auflage

Bestellnummer 43661

Zusatzmaterialien zu Prüfungstraining Kompakt Steuerfachangestellte

Für Lehrerinnen und Lehrer

BiBox Einzellizenz für Lehrer/-innen (Dauerlizenz)
BiBox Klassenlizenz Premium für Lehrer/-innen und bis zu 35 Schüler/-innen (1 Schuljahr)
BiBox Kollegiumslizenz für Lehrer/-innen (Dauerlizenz)
BiBox Kollegiumslizenz für Lehrer/-innen (1 Schuljahr)

Für Schülerinnen und Schüler

BiBox Einzellizenz für Schüler/-innen (1 Schuljahr)
BiBox Einzellizenz für Schüler/-innen (4 Schuljahre)
BiBox Klassensatz PrintPlus (1 Schuljahr)

Bildnachweis
Shutterstock.com, New York: Pressmaster Titel, Titel.

Druck und Bindung: Westermann Druck GmbH,
Georg-Westermann-Allee 66, 38104 Braunschweig

ISBN 978-3-427-**43661**-4

Vorwort

Das vorliegende Buch bietet für den Ausbildungsberuf „Steuerfachangestellte/Steuerfachangestellter" eine zielgerichtete Vorbereitung auf die Prüfungsinhalte zur Zwischenprüfung und zum schriftlichen Teil der Abschlussprüfung. Es entspricht der aktuellen Ausbildungsordnung und den hierauf basierenden Prüfungsanforderungen und entsprechenden Prüfungsordnungen.

Alle Prüfungsthemen werden trainiert.

Das heißt für die Zwischenprüfung die Aufgabenbereiche

- Arbeitsabläufe organisieren,
- Steuererklärungen vorbereiten und Buchhaltungen bearbeiten.

Und für die Abschlussprüfung:

- Sachverhalte steuerlich beurteilen und in Steuererklärungen bearbeiten (vormals Steuerlehre),
- Sachverhalte im Zusammenhang mit Finanzbuchhaltungen, Entgeltabrechnungen und Jahresabschlüssen bearbeiten (vormals Rechnungswesen),
- Wirtschafts- und Sozialkunde.

Die Reihe „Prüfungstraining Kompakt" stellt die ideale Ergänzung zu der Reihe „Prüfungswissen kompakt" dar. Während in dem Titel „Prüfungswissen Kompakt" die Prüfungsinhalte in sehr kompakter Form dargestellt werden, finden Sie in diesem Buch die passenden, ergänzenden Aufgaben zu den Inhalten. Die Gliederung beider Bücher ist nahezu identisch. Dadurch wird Ihnen das parallele Arbeiten mit beiden Büchern erleichtert und eine effiziente Prüfungsvorbereitung ermöglicht. Natürlich kann Ihnen dieses Buch auch bei der Vorbereitung auf die Leistungsnachweise in der Berufsschule eine wertvolle Unterstützung sein. Ein ausführliches Stichwortverzeichnis hilft Ihnen bei dem schnellen Auffinden von Aufgaben zu speziellen Einzelthemen.

Verfasser und Verlag wünschen Ihnen nicht nur viel Freude und Erfolg beim Arbeiten mit diesem Buch, sondern auch die gewünschten Prüfungsergebnisse.

Kiel, im Sommer 2025 Andreas Andersch

Inhaltsverzeichnis

PRÜFUNGSMODALITÄTEN

Nach der Steuerfachangestellten-Ausbildungsverordnung sind als Prüfungen vorgesehen:

1 Zwischenprüfung

Im zweiten Ausbildungshalbjahr, also ca. Mitte des 2. Ausbildungsjahres, steht die Zwischenprüfung mit folgenden Prüfungsbereichen an:

Prüfungsbereich/ Prüfungsanforderungen	Aufgabentyp	Dauer/ Gewichtung
Arbeitsabläufe organisieren → rechtliche Regelungen zur Verschwiegenheit, zum Datenschutz und zur Datensicherheit → Fristenüberwachung → Vorgänge unter Berücksichtigung von zeichnungs- und Weisungsbefugnissen bearbeiten (Lernfeld 1)	schriftlich zu bearbeitende Aufgaben	45 Min. keine
Steuererklärungen vorbereiten und Buchhaltungen bearbeiten → Einkünfte aus nichtselbstständiger Arbeit ermitteln (bis zvE) → laufende monatliche Buchhaltungen bearbeiten → betriebliche Kennzahlen ermitteln und auswerten (Lernfelder 2, 3, 4)	schriftlich zu bearbeitende Aufgaben	75 Min. keine

Die Zuordnung der Lernfelder für die Zwischenprüfung ist nicht abschließend. Es ist nicht auszuschließen, dass auch Themen aus dem Lernfeld 5 „Arbeitsentgelte berechnen“ bereits in der Zwischenprüfung geprüft werden. Gleiches könnte auch für das Lernfeld 6 „Grenzüberschreitende Sachverhalte und Sonderfälle umsatzsteuerrechtlich bearbeiten und erfassen“ und Lernfeld 7 „Beschaffung und Verkauf von Anlagevermögen erfassen“ gelten. Eine Gewichtung der einzelnen Prüfungsabschnitte zur Ermittlung einer Gesamtnote findet in der Zwischenprüfung nicht statt. Beide Prüfungsabschnitte werden gleich gewichtet.

2 Abschlussprüfung

Zum Ende der Berufsausbildung, also Ende des 3. Ausbildungsjahres, steht die Abschlussprüfung mit folgenden Prüfungsbereichen an:

Prüfungsbereich/ Prüfungsanforderungen	Aufgabentyp	Dauer/ Gewichtung
Sachverhalte steuerrechtlich beurteilen und in Steuererklärungen bearbeiten → Sachverhalte unter Berücksichtigung steuerrechtlicher und handelsrechtlicher Regelungen einordnen → eingereichte Unterlagen den Steuerarten zuordnen und Bemessungsgrundlagen ermitteln und Steuern einschließlich der steuerlichen Nebenleistungen berechnen → steuer- und verfahrensrechtliche Regelungen unter Berücksichtigung von Fristen einhalten (Lernfelder 3, 4, 6, 8, 9, 11)	schriftlich zu bearbeitende Aufgaben	130 Min. 35 %

Prüfungsbereich/ Prüfungsanforderungen	Aufgabentyp	Dauer/ Gewichtung
Sachverhalte im Zusammenhang mit Finanzbuchhaltungen, Entgeltabrechnungen und Jahresabschlüssen bearbeiten → Entgeltabrechnungen durchführen und buchen → laufende Geschäftsvorfälle handels- und steuerrechtlich beurteilen und buchen → das Anlage- und Umlaufvermögen abgrenzen und bewerten → Berechnungen und Jahresabschlussbuchungen durchführen und handels- und steuerrechtliche Jahresabschlüsse erstellen → Auswertungen erstellen und mandats- und anlassbezogen betriebswirtschaftlich analysieren (Lernfelder 2, 5, 7, 10)	schriftlich zu bearbeitende Aufgaben	110 Min. 30 %
Wirtschafts- und Sozialkunde → allgemeine wirtschaftliche und gesellschaftliche Zusammenhänge der Berufs- und Arbeitswelt darstellen und beurteilen (Lernfeld 1 und andere)	schriftlich zu bearbeitende Aufgaben	60 Min. 10 %
Mandantinnen- und Mandantenberatung mitgestalten → Mandantinnen und Mandanten über steuerrechtliche Regelungen informieren sowie rechtliche Regelungen einhalten → einen Lösungsweg auch unter Berücksichtigung von digitalen Geschäftsprozessen entwickeln	Gesprächssimulation	30 Min. 25 %

Prüfungsbereich/ Prüfungsanforderungen	Aufgabentyp	Dauer/ Gewichtung
→ auf Mandantinnen- und Mandantenfragen und -einwände fachgerecht eingehen Hierfür sind folgende Tätigkeiten zugrunde zu legen: Buchführungen anfertigen, Entgeltabrechnungen durchführen, Jahresabschlusserstellung vorbereiten, betriebswirtschaftliche und wirtschaftsrechtliche Angelegenheiten unterstützen und Steuererklärungen erstellen. (Lernfeld 12)		

In jedem der Prüfungsbereiche sind 100 Punkte zu erreichen. Dabei gilt der folgende Notenschlüssel:

100 bis 92 Punkte	Note 1 (sehr gut)
unter 92 bis 81 Punkte	Note 2 (gut)
unter 81 bis 67 Punkte	Note 3 (befriedigend)
unter 67 bis 50 Punkte	Note 4 (ausreichend)
unter 50 bis 30 Punkte	Note 5 (mangelhaft)
unter 30 bis 0 Punkte	Note 6 (ungenügend)

Die Abschlussprüfung ist bestanden, wenn die Prüfungsleistungen – auch unter Berücksichtigung einer mündlichen Ergänzungsprüfung – wie folgt bewertet worden sind:

1. im Gesamtergebnis mit mindestens „ausreichend“,
2. im Prüfungsbereich „Sachverhalte steuerrechtlich beurteilen und in Steuererklärungen bearbeiten“ mit mindestens „ausreichend“,
3. in mindestens zwei weiteren Prüfungsbereichen mit mindestens „ausreichend“ und
4. in keinem Prüfungsbereich mit „ungenügend“.

Auf Antrag der zu prüfenden Person ist die Prüfung in einem mit schlechter als „ausreichend" bewerteten Prüfungsbereiche, in denen Prüfungsleistungen mit eigener Anforderung und Gewichtung schriftlich zu erbringen sind, durch eine mündliche Prüfung von etwa 15 Minuten zu ergänzen (**Ergänzungsprüfung**). Bei der Ermittlung des Ergebnisses für diesen Prüfungsbereich sind das bisherige Ergebnis und das Ergebnis der bisherigen Ergänzungsprüfung im Verhältnis 2 : 1 zu gewichten.

Neben der Gewichtung der Prüfungsabschnitte zur Bildung einer Gesamtnote ist folgende weitere Änderung hervorzuheben: Bei nicht bestandener Prüfung müssen selbständige Prüfungsleistungen nicht wiederholt werden, wenn darin mindestens ausreichende Leistungen erbracht wurden – vorausgesetzt, die zu prüfende Person stellt einen entsprechenden Antrag und meldet sich zum nächsten Prüfungstermin an. Damit ist es möglich, bestandene Prüfungsabschnitte auf Antrag in eine Wiederholungsprüfung „mitzunehmen". Vor der Reform der Ausbildungs- und Prüfungsordnungen war ein solcher Antrag nicht möglich.

Neben der fachlichen Vorbereitung sollten vor dem Prüfungstermin auch äußere Umstände wie etwa ein „Schienenersatzverkehr" beachtet werden, die Auszubildenden trotz guter fachlicher Vorbereitung auf die Wiederholungsprüfung eine erfolgreiche Teilnahme an der Prüfung vereiteln können.

A

PRÜFUNGSBEREICH: ARBEITSABLÄUFE ORGANISIEREN

1 Berufsrecht (Lernfeld 1)

Die folgenden Aufgaben befassen sich zum einen mit dem Berufsrecht, aber auch mit Aufbewahrungsfristen und der Fristenkontrolle.

Sachverhalt zu den Aufgaben 1–4

Machmut Demirci hat seine Lehre zum Steuerfachangestellten begonnen. Er freut sich darauf, seinen Eltern und Geschwistern in Steuersachen helfen zu können.

Aufgabe 1

Nennen Sie die Rechtsgrundlagen und Beispiele. Wer ist befugt, Hilfe in Steuersachen zu leisten?Differenzieren Sie nach dem Grad der Befugnis zur Hilfeleistung in Steuersachen.

Aufgabe 2

Ist Machmut Demirci zur Hilfeleistung in Steuersachen grundsätzlich befugt?

Aufgabe 3

Darf Machmut Demirci seinen Eltern und Geschwistern in Steuersachen helfen? Nennen Sie die Rechtsgrundlage.

Aufgabe 4

Darf Machmut Demirci seinem besten Freund Luka Begić in Steuersachen helfen?

Aufgabe 5

Welche Berufspflichten hat ein Steuerberater bzw. eine Steuerberaterin grundsätzlich zu beachten? Nennen Sie die Rechtsgrundlage.

Aufgabe 6

Nennen Sie die Rechtsgrundlagen, die die Pflicht zur Verschwiegenheit bestimmen.

Aufgabe 7

Worauf bezieht sich die Pflicht zur Verschwiegenheit? Wann besteht diese Pflicht nicht?

Aufgabe 8

Ist ein Verstoß gegen die Verschwiegenheitspflicht sowohl für den Steuerberater bzw. die Steuerberaterin als auch für seine bzw. ihre Angestellten strafbar?

Aufgabe 9

Ein Mitarbeiter des Bankinstituts Hoch-Finanz AG ruft an und bittet Sie, ihm die Bilanz per 31.12.2024 und 31.12.2025 von Ihrer Mandantin Frau Irina Schmidtke per E-Mail zu übersenden. Ihre Mandantin unterhält bislang keinerlei Geschäftsbeziehung mit dieser Bank. Aus einem Gespräch mit Frau Schmidtke wissen Sie jedoch, dass diese gerade den Kauf eines Nachbargrundstücks für die Erweiterung des Unternehmens den plant.

Wie gehen Sie vor und warum?

Aufgabe 10

Der Gewerbetreibende Klaus Schuster räumt sein Archiv auf und fragt bei Ihnen nach, ob und wie lange folgende Unterlagen aufbewahrt werden müssen:

	Aufbewahrungspflicht (ja/nein)	Jahre
Kassenberichte		
Kontoauszüge der Bankkonten		
Kassenzettel (Buchungsunterlagen)		
Werbeprospekte		
Eingangsrechnungen		

	Aufbewahrungspflicht (ja/nein)	Jahre
Jahresabschlüsse		
Kopien der Ausgangsrechnungen		
Geschäftsbriefe		
Lieferscheine		

Der Jahresabschluss für das Jahr 2023 wurde am 31. Januar 2025 fertiggestellt.

Wann beginnt und wann endet die Aufbewahrungspflicht für den Jahresabschluss?

Aufgabe 11

Die Steuerpflichtige Lina Sommer will gegen ihren Einkommensteuerbescheid 2023 Einspruch einlegen. Bescheid-Datum und Aufgabe zur Post ist Donnerstag, der 5. Juni 2024.

Ermitteln Sie Beginn, Dauer und Ende der Einspruchsfrist.

Juni 2024

KM	MO	DI	MI	DO	FR	SA	SO
22						1	**2**
23	3	4	5	6	7	8	**9**
24	10	11	12	13	14	15	**16**
25	17	18	19	20	21	22	**23**
26	24	25	26	27	28	29	**30**

Juli 2024

KM	MO	DI	MI	DO	FR	SA	SO
27	1	2	3	4	5	6	**7**
28	8	9	10	11	12	13	**14**
29	15	16	17	18	19	20	**21**
30	22	23	24	25	26	27	**28**
31	29	30	31				

2 Berufsausbildungs- und Arbeitsrecht (Lernfeld 1)

Aufgabe 12

Was ist unter einer dualen Berufsausbildung zu verstehen?

Aufgabe 13

Nennen Sie drei Pflichten der Auszubildenden.

Aufgabe 14

Nennen Sie drei Pflichten der Ausbildenden.

Aufgabe 15

Melanie Diallo ist 18 Jahre alt und möchte im August bei Steuerberaterin Kim Fröhlich eine Ausbildung zur Steuerfachangestellten beginnen. Rund um den Ausbildungsvertrag stellen sich für Melanie noch einige Fragen.

Entscheiden Sie durch Ankreuzen, ob die folgenden Annahmen in Bezug auf den Ausbildungsvertrag richtig oder falsch sind.

Annahmen	Richtig	Falsch
Die Probezeit im Ausbildungsvertrag muss mindestens einen Monat und darf höchstens fünf Monate betragen.		
Die Ausbildungsvergütung muss sich jährlich erhöhen.		
Die wesentlichen Inhalte des Ausbildungsvertrages müssen schriftlich abgeschlossen werden.		
Die Eltern als gesetzliche Vertreter haben grundsätzlich den Ausbildungsvertrag mit zu unterschreiben. So auch bei Melanie.		
Da Auszubildende keine Arbeitnehmer sind und nicht arbeiten, sondern lernen sollen, haben sie auch keinen Anspruch auf Urlaub.		
Der Ausbilder bzw. die Ausbilderin muss die vertragliche Ausbildungszeit bei Abiturienten auf 2,5 Jahre verkürzen.		
Bestehen Auszubildende die Abschlussprüfung nicht, so können sie eine Verlängerung des Ausbildungsverhältnisses verlangen.		

Aufgabe 16

In der Steuerkanzlei Fröhlich wird von Montag bis Freitag gearbeitet. In dem Ausbildungsvertrag ist vermerkt, dass Melanie Diallo 22 Arbeitstage Urlaub im Jahr hat. Melanie ist sich nicht ganz sicher, ob diese Regelung rechtens ist, da im Bundesurlaubsgesetz von 24 Urlaubstagen die Rede ist.

Prüfen Sie die Rechtmäßigkeit und begründen Sie Ihre Einschätzung unter Nennung der rechtlichen Grundlage.

Aufgabe 17

Nach dem ersten Ausbildungsjahr kommen Melanie Diallo Zweifel, ob diese Ausbildung für sie die richtige ist. Sie möchte lieber Sprachen lernen und sich deshalb zur Fremdsprachenkorrespondentin ausbilden lassen.

Ist für sie eine Kündigung des Ausbildungsvertrages jetzt noch möglich? Begründen Sie ihre Antwort durch das Nennen der genauen Rechtsgrundlage und erläutern Sie, was Melanie dabei zu beachten hat.

Aufgabe 18

In der Steuerkanzlei Fröhlich arbeitet seit 1,5 Jahren auch Isolde Isanowski als Steuerfachangestellte.

Nennen Sie Pflichten, die die Steuerkanzlei aus dem Arbeitsverhältnis gegenüber Isolde hat. Geben Sie ebenfalls die rechtliche Grundlage an.

Aufgabe 19

Isolde möchte ein Auslandsjahr absolvieren und daher heute (5. September 2025) kündigen.

Nennen Sie die Kündigungsfrist und das Datum, an dem das Arbeitsverhältnis frühestens enden kann. Geben Sie auch die entsprechende Rechtsgrundlage an.

Aufgabe 20

Claudia Heiter, 35 Jahre, ist seit vier Jahren in der Steuerkanzlei Fröhlich als Steuerberaterin beschäftigt. Sie teilt ihrem Arbeitgeber ihre Schwangerschaft mit. Der voraussichtliche Entbindungstermin ist der 24. März 2026.

Wann beginnt und wann endet der Mutterschutz für Claudia Heiter?

Januar 2026

	MO	DI	MI	DO	FR	SA	SO
01	29	30	31	1	2	3	4
02	5	6	7	8	9	10	11
03	12	13	14	15	16	17	18
04	19	20	21	22	23	24	25
05	26	27	28	29	30	31	1

Februar 2026

	MO	DI	MI	DO	FR	SA	SO
05	26	27	28	29	30	31	1
06	2	3	4	5	6	7	8
07	9	10	11	12	13	14	15
08	16	17	18	19	20	21	22
09	23	24	25	26	27	28	1

März 2026

	MO	DI	MI	DO	FR	SA	SO
09	23	24	25	26	27	28	1
10	2	3	4	5	6	7	8
11	9	10	11	12	13	14	15
12	16	17	18	19	20	21	22
13	23	24	25	26	27	28	29
14	30	31	1	2	3	4	5

April 2026

	MO	DI	MI	DO	FR	SA	SO
14	30	31	1	2	3	4	5
15	6	7	8	9	10	11	12
16	13	14	15	16	17	18	19
17	20	21	22	23	24	25	26
18	27	28	29	30	1	2	3

Mai 2026

	MO	DI	MI	DO	FR	SA	SO
18	27	28	29	30	1	2	3
19	4	5	6	7	8	9	10
20	11	12	13	14	15	16	17
21	18	19	20	21	22	23	24
22	25	26	27	28	29	30	31
23	1	2	3	4	5	6	7

Juni 2026

	MO	DI	MI	DO	FR	SA	SO
23	1	2	3	4	5	6	7
24	8	9	10	11	12	13	14
25	15	16	17	18	19	20	21
26	22	23	24	25	26	27	28
27	29	30	1	2	3	4	5

Juli 2026

	MO	DI	MI	DO	FR	SA	SO
27	29	30	1	2	3	4	5
28	6	7	8	9	10	11	12
29	13	14	15	16	17	18	19
30	20	21	22	23	24	25	26
31	27	28	29	30	31	1	2

August 2026

	MO	DI	MI	DO	FR	SA	SO
31	27	28	29	30	31	1	2
32	3	4	5	6	7	8	9
33	10	11	12	13	14	15	16
34	17	18	19	20	21	22	23
35	24	25	26	27	28	29	30
36	31	3	3	4	5	6	7

Aufgabe 21

Claudia Heiter möchte gern noch bis zum 15. März 2026 arbeiten.

Erklären Sie ihr unter Angabe der rechtlichen Grundlage, ob dies möglich ist.

Aufgabe 22

Die deutsche Sozialversicherung umfasst fünf Zweige.

Geben Sie für die nachfolgenden Beschreibungen an, welcher Zweig der Sozialversicherung jeweils angesprochen wird.

Beispiel	Zweig der Sozialversicherung
a) Jannis Meyer stürzt bei der Arbeit eine Treppe hinunter und muss im Krankenhaus behandelt werden.	
b) Ina da Solo ist sehr sportlich. Beim Skifahren im Urlaub stürzt sie und muss im Krankenhaus behandelt werden.	
c) Aufgrund einer sehr schlechten Auftragslage wird den Arbeitnehmern Kurzarbeitergeld gezahlt.	
d) Rehaaufenthalt des langzeiterkrankten Arbeitnehmers zum beruflichen Wiedereinstieg	

3 Rechtliche Grundlagen des Wirtschaftens (Lernfeld 1)

Bei den folgenden Aufgaben geht es um die Prüfungsthemen Rechtssubjekte/Rechtsobjekte, Rechtsfähigkeit, Geschäftsfähigkeit, Rechtsgeschäfte, Verpflichtungs- und Verfügungsgeschäft, Zustandekommen von Verträgen, Geschäftsfähigkeit, Nichtigkeit und Anfechtbarkeit von Verträgen, Schuldner- und Gläubigerverzug, Verjährung.

Diese Aufgaben können auch in der Abschlussprüfung in der Wirtschafts- und Sozialkunde gestellt werden.

Aufgabe 23

Clemens Bauer war sein Leben lang Junggeselle. Vergnügte Stunden hatte er stets mit seinen Kegelbrüdern und -schwestern in dem Kegelclub „Gut Holz e. V." und mit seinem Mischlingshund Dolly. Deshalb will er die eine Hälfte seines Vermögens dem Kegelclub und die andere Hälfte seines Vermögens dem Mischlingshund Dolly vererben.

Begründen Sie jeweils kurz, ob

a) der Kegelclub „Gut Holz e. V.“ und
b) der Mischlingshund Dolly

erben können.

Aufgabe 24

Fabian und Jana Asmussen sind in großer Sorge, denn ihr dreijähriger Sohn Alexander ist seit einer Kopfverletzung aufgrund eines Verkehrsunfalls dauerhaft kognitiv beeinträchtigt. Er wird nicht mehr in der Lage sein, sich selbst zu versorgen.

a) Welche Fähigkeit hat Alexander von Geburt an?
b) Welche Fähigkeit wird Alexander nicht erreichen?
c) Stellen Sie dar, wodurch sich die beiden (rechtlichen) Fähigkeit unterscheiden.

Aufgabe 25

Rechtsgeschäfte können einseitig empfangsbedürftig; einseitig nicht empfangsbedürftig; gegenseitig, aber nur einseitig verpflichtend; gegenseitig und gegenseitig verpflichtend sein.

Bestimmen Sie, um welche Art von Rechtsgeschäften es sich in den nachfolgenden Fällen handelt:

a) Gregor Preisler kündigt seinen Arbeitsvertrag.
b) Ilona Ginter verfasst handschriftlich ihr Testament.
c) Peter Wozniak hat beim Brötchenholen seinen Ehering verloren. Er hängt beim Bäcker einen Zettel auf und verspricht so durch Auslobung einen Finderlohn in Höhe von 100,00 €.
d) Gertrud Ortler schenkt ihrer Nichte Mia einen Puppenwagen zum Geburtstag.
e) Lutz Stefanowski bürgt für seinen Sohn.
f) Milana Schulze mietet eine Wohnung.

Aufgabe 26

Verträge sind im BGB aufgrund ihrer Hauptpflichten typisiert.

Bestimmen Sie in den folgenden Fällen, um welchen Vertrag es sich handelt, und nennen Sie die Rechtsgrundlage:

a) Gabi Noack möchte für ihren Freund Bülent Arslan einen Kuchen backen und bittet ihre Nachbarin um eine Backform.
b) Da ihr zum Backen das Mehl ausgegangen ist, bittet Gabi ihre Nachbarin auch um Mehl.

c) Voll Freude übergibt Gabi ihrem Freund Bülent den fertigen Kuchen.
d) Bülent ist Maurer und arbeitet für die Firma Mörtel GmbH.
e) Die Mörtel GmbH soll für Adrian Bosse einen Rohbau für sein neues Geschäftshaus errichten.
f) Juri Zarkow ist gelernter Koch und möchte eine Gaststätte mieten. Da die Gaststätte bisher immer sehr gute Umsätze gemacht hat, ist die Miete entsprechend hoch.

Sachverhalt zu den Aufgaben 27–30

Helga Sobowski ist begeisterte Skifahrerin. Um auch ihre Freundin Antje Deiters für das Skifahren zu begeistern, leiht sie Antje ihre Skiausrüstung.

Aufgabe 27

Stellen Sie dar, wer Eigentümer und wer Besitzer der Skiausrüstung ist. Begründen Sie damit, dass Sie ausführen, was unter Eigentum und was unter Besitz zu verstehen ist.

Aufgabe 28

Nachdem Antje aus dem Urlaub zurück ist, ruft sie noch bevor sie die Skiausrüstung zurückgibt bei Helga an und bittet Helga, ihr die Skiausrüstung zu verkaufen. Beide einigen sich auf einen Preis und Helga kann die Skiausrüstung sofort behalten.

Stellen Sie dar, ob sich an den Eigentums- und Besitzverhältnissen etwas geändert hat. Nennen Sie ggf. die erforderliche Rechtsgrundlage, aufgrund derer sich etwas an den Eigentums- und Besitzverhältnissen geändert hat.

Aufgabe 29

Angenommen, Antje braucht im Urlaub Geld und verkauft bereits im Urlaub Helgas Skiausrüstung an Frederike Ehret. Frederike geht davon aus, dass es sich um Antjes Skiausrüstung handelt.

Ist Frederike Ehret Eigentümerin der Skiausrüstung geworden? Begründen Sie unter Angabe der Rechtsgrundlage.

Aufgabe 30

Wie ist in der Situation aus Aufgabe 29 zu entscheiden, wenn Antje die Skiausrüstung von Helga Sobowski gestohlen hat, weil sie das Skifahren einmal ausprobieren wollte? Nennen Sie auch ggf. die Rechtsgrundlage.

Aufgabe 31

Stellen Sie unter Bezugnahme auf die Bücher des BGB dar, was unter einem Verpflichtungsgeschäft und was unter einem Verfügungsgeschäft zu verstehen ist. Geben Sie jeweils ein Bespiel.

Aufgabe 32

Unternehmerin Mia Deutzner erhält von ihrem Großhändler, der Lacke und Farben GmbH, einen Telefonanruf, in dem der Verkäufer ihr Wandfarbe für 25,00 € je 10 Liter anbietet. Frau Deutzner ist noch unentschlossen. Am nächsten Tag ruft sie bei dem Großhändler an und möchte 100 Liter von der Farbe bestellen. Die Farbe soll nun aber 30,00 € je 10 Liter kosten.

Kann Frau Deutzner die Lieferung zu 25,00 € je 10 Liter verlangen?

Aufgabe 33

Mia Deutzner erhält von ihrem Großhändler, der Lacke und Farben GmbH, ein Fax, in dem Wandfarbe zu 25,00 € je 10 Liter angeboten wird. Daraufhin trägt Frau Deutzner auf dem Bestellformular unter Menge 100 Liter ein, streicht den Preis von 25,00 € je 10 Liter durch, schreibt 20,00 € je 10 Liter und sendet das dem Angebot beigefügte Bestellformular an den Großhändler zurück.

Kann Frau Deutzner die Lieferung zu 20,00 € je 10 Liter verlangen?

Aufgabe 34

Die fünfjährige Fatma Aksoy nimmt sich aus ihrer Spardose 2,00 € von ihrem gesparten Taschengeld und kauft sich am Kiosk Schokolade.

Ist ein Kaufvertrag über die Schokolade zustande gekommen?

Aufgabe 35

Sophie Almasy schenkt ihrem Neffen Theo ein Rennrad zu seinem sechsten Geburtstag. Die Eltern sind damit nicht einverstanden.

Ist ein Schenkungsvertrag zwischen Tante Sophie und dem Neffen Karl zustande gekommen?

Aufgabe 36

Wie ist in der Situation aus Aufgabe 35 zu entscheiden, wenn Tante Sophie ihrem Neffen Theo zu seinem achten Geburtstag ein Fahrrad schenkt?

Aufgabe 37

Grenzen Sie Nichtigkeit und Anfechtbarkeit von Rechtsgeschäften voneinander ab, indem Sie darstellen was Nichtigkeit und was Anfechtbarkeit heißt. Entscheiden Sie in den folgenden Fällen, ob das Rechtsgeschäft nichtig, anfechtbar oder schwebend unwirksam ist.

a) Cindy Reger möchte zu ihrem 16. Geburtstag eine große Partybox für ihr Handy, um laute Musik zu machen. Die Partybox kostet 500,00 €. Sie zahlt 250,00 € von ihrem gesparten Taschengeld, den Restbetrag will sie in fünf Monatsraten von ihrem Taschengeld bezahlen. Der Verkäufer ist damit einverstanden.

b) Heiner Posipal ist 20 Jahre alt aber aufgrund einer Behinderung geschäftsunfähig. Er kauft sich jeden Freitag beim Bäcker einen Becher Schokolade mit Sahne für 3,00 €.

c) Konrad Böge will 10 Kisten Winter-Bier für seinen Getränkehandel bestellen. Er trägt aber versehentlich auf dem Bestellformular der Brauerei 100 Kisten ein.

d) Celia Grummer ist in finanziellen Schwierigkeiten. Da sie bei der Bank keinen Kredit mehr bekommt, erhält sie von einem Bekannten einen Kredit zu einem Zinssatz von 4 % im Monat.

e) Tommy Jäger will seiner Freundin Cindy seine Zuneigung zeigen und kauft für sie eine Katze, die Cindy streicheln kann, wenn er auf Dienstreise ist und Cindy somit nicht allein ist. Cindy hat aber eine Allergie gegen Katzenhaare. Daraufhin will Tommy die Katze zur Zoohandlung zurückbringen und sein Geld wiederhaben.

Sachverhalt zu den Aufgaben 38 und 39

Sie stimmen für den Mandanten Wuchtig und Söhne OHG die Debitorenbuchhaltung ab.

Aufgabe 38

Stellen Sie unter Nennung der Voraussetzungen dar, was unter Schuldnerverzug zu verstehen ist. Nennen Sie die Rechtsgrundlage.

Aufgabe 39

Prüfen und begründen Sie, ob am **1. November** *bei den offenen Rechnungen der folgenden Kunden eine Nicht-rechtzeitig-Zahlung (Zahlungsverzug) vorliegt.*

a)

Kunde	Rechnungsbetrag	Warenzugang	Rechnungsdatum	Zahlungsvereinbarung
Fa. Özgür e. K. (Hamburg)	10.000,00 €	15.10.20..	15.10.20..	keine vertragliche Vereinbarung

b)

Kunde	Rechnungsbetrag	Warenzugang	Rechnungsdatum	Zahlungsvereinbarung
Stolze GmbH (München)	20.000,00 €	18.09.20..	20.09.20..	zahlbar innerhalb von 14 Tagen ab Rechnungsdatum

c)

Kunde	Rechnungsbetrag	Warenzugang	Rechnungsdatum	Zahlungsvereinbarung
Abel & Böge OHG (Kiel)	30.000,00 €	20.10.20..	25.10.20..	Zahlung sofort

d)

Kunde	Rechnungsbetrag	Warenzugang	Rechnungsdatum	Zahlungsvereinbarung
Klein KG (Rostock)	40.000,00 €	19.10.20..	20.10.20..	3 % Skonto bei Zahlung innerhalb von 7 Tagen

e)

Kunde	Rechnungsbetrag	Warenzugang	Rechnungsdatum	Zahlungsvereinbarung
Groß KG (Offenbach)	50.000,00 €	05.09.20..	Der Zugang der Rechnung ist nicht feststellbar.	zahlbar innerhalb von 30 Tagen nach Rechnungszugang

Aufgabe 40

Unter welchen Voraussetzungen liegt ein Annahmeverzug vor? Nennen Sie die Rechtsgrundlage. Was sind die Rechtsfolgen eines Annahmeverzuges?

Aufgabe 41

Malik Cakir will seine Terrasse pflastern und kauft dafür Pflastersteine. Laut Kaufvertrag sollen diese Pflastersteine von dem Baustoffhändler am 10. Juni um 16:00 Uhr geliefert werden. An diesem Tag gibt es auf der Arbeit von Herrn Cakir sehr viel Stress, sodass er erst gegen 18:00 Uhr wieder zu Hause ist.

In seinem Briefkasten findet Herr Cakir eine Nachricht des Baustoffhändlers: „Wir waren zur vereinbarten Zeit vor Ort bei Ihnen, um die Pflastersteine zu liefern. Leider haben wir niemanden angetroffen. Bitte setzen Sie sich mit uns in Verbindung für eine erneute Anlieferung. Die Kosten für die erneute Anlieferung in Höhe von 250,00 € haben Sie zu tragen."

Begründen Sie, ob Herr Cakir die Kosten für eine erneute Anlieferung zu tragen hat.

Aufgabe 42

Wann beginnt und wie lange dauert grundsätzlich – in der Regel – die Verjährung? Nennen Sie die Rechtsgrundlagen.

Aufgabe 43

Welche Rechtsfolgen hat die Verjährung im Zivilrecht? Grenzen Sie diese zu den Rechtsfolgen der Festsetzungsverjährung im Steuerrecht hin ab. Nennen Sie jeweils die Rechtsgrundlagen.

Aufgabe 44

Die Unternehmerin Tanja Sanitzki bestellt bei der Großhandels GmbH Waren. Diese Waren werden mit Rechnung über 2.500,00 € am 18. März 2025 geliefert. Leider hat Frau Sanitzki erhebliche Zahlungsschwierigkeiten, sodass Sie die Großhandels GmbH am 30. Januar 2026 um eine Stundung von zwei Monaten bittet. Der Geschäftsführer der Großhandels GmbH gewährt Frau Sanitzki die Stundung.

Stellen Sie mittels einer übersichtlichen Berechnung dar, wann die Kaufpreisforderung verjährt. Datumsangaben sind erforderlich.

4 Datenschutz und Datensicherheit (Lernfeld 1)

Aufgabe 45

Was ist der Grundgedanke des Datenschutzes? Auf welches grundlegende Recht ist der Datenschutz zurückzuführen?

Aufgabe 46

Was sind personenbezogene Daten? Was sind keine personenbezogenen Daten? Geben Sie Beispiele von personenbezogenen Daten.

Aufgabe 47

Welche Rechte hat der oder die Betroffene?

Aufgabe 48

Welche Pflichten hat der Datenverarbeiter bzw. die Datenverarbeiterin?

Aufgabe 49

Welches sind die Hauptanliegen der Datensicherheit?

Aufgabe 50

Durch welche Verfahren kann die Datensicherheit gewährleistet werden? Nennen Sie zu jedem Verfahren jeweils ein Beispiel.

B

PRÜFUNGSBEREICH: STEUERERKLÄRUNGEN VORBEREITEN UND BUCHHALTUNGEN BEARBEITEN

1 Einkommensteuer – Einkünfte aus nichtselbstständiger Arbeit (bis zum zvE; Lernfeld 4)

Sachverhalt zu den Aufgaben 51 und 52

Sie sollen als Zuhörer bzw. Zuhörerin an einem Beratungsgespräch mit der Mandantin Isabell Schubke teilnehmen.

Aufgabe 51

Frau Schubke ist nach dem Abschluss ihres BWL-Studiums seit dem 1. Januar 2025 bei der Steuerberatungsgesellschaft Finanzsicherheit GmbH in Flensburg beschäftigt. Aus diesem Grund hat sie sich auch eine Wohnung in Flensburg gemietet. Bisher wohnte sie bei ihren Eltern in Kiel. Wochenenden und Urlaubstage verbrachte Frau Schubke im Veranlagungszeitraum 2025 ausschließlich bei ihrem Freund in Padborg (Dänemark). Neben ihrem Gehalt (Einkünfte aus nichtselbstständiger Arbeit in Höhe von 60.000,00 €) erzielt sie noch Einkünfte aus Kapitalvermögen aus Wertpapieren in Luxemburg in Höhe von 5.000,00 €.

Stellen Sie unter Angabe der Rechtsgrundlage dar, ob und in welchem Umfang Frau Schubke im Veranlagungszeitraum 2025 in Deutschland einkommensteuerpflichtig ist.

Aufgabe 52

Im Veranlagungszeitraum 2026 beabsichtigt Frau Schubke zu heiraten. Sie wird dann von Padborg aus täglich zu ihrer Arbeitsstelle nach Flensburg fahren. Ihre Wohnung in Flensburg wird sie deshalb zum 31.12.2025 aufgeben. Am Umfang der Einkünfte wird sich im Vergleich zum Vorjahr (siehe Angaben in Aufgabe 51) nichts ändern.

a) Stellen Sie fest, ob und in welchem Umfang Frau Schubke nach ihrem Wegzug **grundsätzlich** in Deutschland noch einkommensteuerpflichtig sein wird.

b) Überprüfen Sie, ob Frau Schubke nach ihrem Wegzug aus Deutschland auch eine andere Form der Steuerpflicht beantragen könnte und inwiefern sich der Umfang der Steuerpflicht dann ändern würde. Könnten sich hieraus auch Vorteile ergeben?

Aufgabe 53

Ermitteln Sie in einer übersichtlichen Darstellung unter Verwendung der Fachbegriffe für die Mandanten Eheleute Marie und Gerrit Pankow die Einkommensteuernachzahlung oder -erstattung für den Veranlagungszeitraum 2024.

Aus der Steuerakte sind folgende Daten zu den Mandanten ersichtlich:

- Die Eheleute Pankow haben einen gemeinsamen achtjährigen Sohn Finn. Für diesen haben sie in 2024 Kindergeld in Höhe von 3.504,00 € erhalten. Finn besucht eine Schule in freier Trägerschaft. Für die Schule haben die Eltern Schulgeld in Höhe von monatlich 300,00 € gezahlt. Außerdem haben sie eine Spende an den gemeinnützigen Förderverein der Schule in Höhe von 1.200,00 € geleistet.
- Um sich um den Sohn kümmern zu können, arbeitet Marie Pankow (35 Jahre) halbtags als Steuerfachangestellte in einer Steuerkanzlei. Ihr Bruttogehalt beträgt monatlich 3.000,00 €. Außerdem bekommt sie von ihrem Arbeitgeber monatlich einen Gutschein im Wert von 50,00 €, den sie in einem nahegelegenen Supermarkt einlösen kann. Weitergehende Werbungskosten macht sie nicht geltend.
- Ihre Lohnsteuerbescheinigung 2024 weist unter Berücksichtigung möglicher geldwerter Vorteile folgende Werte aus:

Einbehaltene Lohnsteuer	3.415,00 €
Arbeitgeberanteil Rentenversicherung	3.348,00 €
Arbeitnehmeranteil Rentenversicherung	3.348,00 €
Arbeitnehmeranteil Krankenversicherung	2.808,00 €
Arbeitnehmeranteil Pflegeversicherung	522,00 €
Arbeitnehmeranteil Arbeitslosenversicherung	468,00 €

- Gerrit Pankow (40 Jahre) ist leitender Angestellter in einem Metallbau-Unternehmen. Im Veranlagungszeitraum 2024 Betrug sein Bruttoarbeitslohn 72.000,00 €.
- Außerdem stellte ihm sein Arbeitgeber seit März 2024 einen Dienstwagen (Verbrennungsmotor) zur Verfügung. Die Anschaffungskosten betrugen 34.560,00 €. Der Bruttolistenverkaufspreis betrug laut Herstellerangaben 41.270,00 €. Das Gehalt wurde Herrn Pankow stets pünktlich auf sein Girokonto überwiesen. Herr Pankow nutzt diesen Pkw auch für Fahrten zwischen Wohnung und seiner ersten Tätigkeitsstätte. Herr Pankow führt kein Fahrtenbuch. Von der Möglichkeit der Pauschalierung wurde kein Gebrauch gemacht. In 2024 suchte er seine erste Tätigkeitsstätte an 224 Tagen auf. Die einfache Entfernung beträgt 25,9 Kilometer. Davon musste er an 10 Tagen aufgrund des Vergessens von Unterlagen zweimal nach Hause und wieder in den Betrieb fahren.
- Seit Oktober 2023 nimmt Herr Pankow von zu Hause aus an einer 12-monatigen Online-Weiterbildung „Digitale Transformation im Metallbau" teil. Die Seminargebühren hat er in vier gleich hohen Raten von jeweils 300,00 € Ende Dezember 2023, Ende März 2024, Ende Juni 2024 und Ende Oktober 2024 an den Veranstalter überwiesen. Sein Arbeitgeber hat sich an diesen Kosten mit 600,00 € beteiligt. Diese Zahlung erfolgte zum Schluss der Weiterbildung Ende Oktober 2024.

  Ausschließlich für wichtige Geschäftsbesprechungen hat sich Herr Pankow einen maßgeschneiderten Anzug und Hemden angeschafft. Er zahlte hierfür 1.200,00 €.
- Seine Lohnsteuerbescheinigung weist für 2024 unter Berücksichtigung möglicher geldwerter Vorteile folgende Werte aus:

Einbehaltene Lohnsteuer	16.638,00 €
Arbeitgeberanteil Rentenversicherung	7.366,00 €
Arbeitnehmeranteil Rentenversicherung	7.366,00 €
Arbeitnehmeranteil Krankenversicherung	4.843,00 €
Arbeitnehmeranteil Pflegeversicherung	1.148,00 €
Arbeitnehmeranteil Arbeitslosenversicherung	1.029,00 €

- In 2024 musste sich Frau Pankow einer medizinisch notwendigen Operation unterziehen. Die Kosten beliefen sich auf 6.500,00 €. Hiervon erstattete die Krankenkasse lediglich

500,00 €. Außerdem haben die Eheleute einen Eigenanteil an Medikamenten in Höhe von 750,00 € und für diätische Ernährung in Höhe von 400,00 € aufgewandt.
- Für die Renovierung ihres Hauses (Maler- und Fliesenlegerarbeiten) erhielten die Eheleute Pankow von dem beauftragten Handwerksunternehmen folgende Rechnung (Auszug):

Materialkosten	20.000,00 €
Arbeitslohn	5.000,00 €
Nettobetrag	25.000,00 €
19 % USt.	4.750,00 €
Rechnungsbetrag	**29.750,00 €**

Die Rechnung zahlten die Eheleute per Banküberweisung Ende Oktober 2024.

Weiter ist zu berücksichtigen, dass
- die Eheleute eine Zusammenveranlagung wünschen,
- die Kinderfreibeträge für den Sohn günstiger sind als das Kindergeld,
- die Eheleute keine weiteren Belege über Versicherungsaufwendungen eingereicht haben,
- der Höchstbetrag im Sinne des § 10 Abs. 3 EStG für Zusammenveranlagte 55.132,00 € im VZ 2024 beträgt,
- Nichtansätze kurz zu begründen sind und
- bei der Ermittlung der tariflichen Einkommensteuer von einem durchschnittlichen Steuersatz von 18 % auszugehen ist.

2 Umsatzsteuer – Umsatzsteuerrechtliche Sachverhalte bearbeiten (Lernfeld 3)

Sowohl in den Zwischenprüfungen als auch in den Abschlussprüfungen ist damit zu rechnen, dass die Umsatzsteuer wohl überwiegend in Kombination mit den Aufgaben aus dem Rechnungswesen geprüft wird. Dementsprechend werden auch hier die Umsatzsteuer-Aufgaben mit den Aufgaben aus dem Rechnungswesen kombiniert.

3 Rechnungswesen – Buchführungsarbeiten durchführen (Lernfeld 2)

Aufgabe 54

Erläutern Sie, was unter „abgeleiteter Buchführungspflicht" verstanden wird und nennen Sie die Rechtsgrundlage.

Aufgabe 55

Erläutern Sie, was unter „originärer Buchführungspflicht" verstanden wird und nennen Sie die Rechtsgrundlage.

Aufgabe 56

Entscheiden Sie, ob die folgenden Personen buchführungspflichtig sind oder nicht. Begründen Sie Ihre Antworten jeweils kurz und geben Sie die zutreffende(n) Gesetzesgrundlage(n) mit an.

a) Fritz Kann betreibt in München ein Großhandelsunternehmen für Spielwaren. Er beschäftigt insgesamt 15 Arbeitnehmerinnen und Arbeitnehmer, von denen zwei für die eigene kaufmännische Organisation zuständig sind. Der Umsatz des Unternehmens beträgt jährlich rund 900.000,00 €.

b) Sascha Karpenkow ist selbstständiger Tierarzt. Er betreibt in Hamburg eine Praxis, mit der er jährlich einen Umsatz von rund 550.000,00 € und einen Gewinn von rund 80.000,00 € erzielt. Er beschäftigt eine angestellte Tierärztin und zwei weitere Arbeitnehmerinnen ganztags, von denen eine ausschließlich kaufmännische Arbeiten (Abrechnungen, Zahlungsverkehr, Buchhaltung usw.) erledigt.

c) Udo Röhricht betreibt in Flensburg eine Klempnerei. Er beschäftigt einen Installateur sowie eine Aushilfskraft für die Handreichungen. Sein Jahresumsatz beträgt rund 400.000,00 €, sein Gewinn rund 55.000,00 € im Wirtschaftsjahr.

Aufgabe 57

Stellen Sie dar, was im Zusammenhang mit den Grundsätzen ordnungsgemäßer Buchführung unter formellen Mängeln und was unter materiellen Mängeln zu verstehen ist. Geben Sie sowohl Beispiele für formelle als auch für materielle Mängel.

Sachverhalt zu den Aufgaben 58–66

Sie erstellen für den Mandant Pavel Carkow (Sanitär Carkow e. K.), die monatliche Buchführung.

Vor einigen Buchungen müssen die Geschäftsvorfälle umsatzsteuerlich beurteilt werden. Nutzen Sie dazu die Tabellen.

Erstellen Sie, soweit das gefordert ist, die Buchungssätze und geben Sie nach jeder Buchung die Gewinnauswirkung an.

Begründen Sie, wenn keine Buchungen vorzunehmen sind.

Der Mandant unterliegt der Regelbesteuerung und dem Regelsteuersatz.

Buchungssätze sind mit der Kontennummer (SKR 03 oder SKR 04) oder der Kontenbezeichnung anzugeben.

Herr Carkow wohnt mit seiner Familie in seinem Haus in Bergen auf Rügen. Er betreibt in Stralsund einen Heizungs- und Sanitärbetrieb in gemieteten Räumen. Neben den üblichen Reparatur- und Installationsarbeiten verkauft Herr Carkow auch verschiedene mobile Heizgeräte und Sanitärgegenstände.

Außerdem ist er Eigentümer einer Wohnung in Greifswald, die er an die Studentin Sandra Müller vermietet. Die Wohnung befindet sich im Betriebsvermögen des Heizungs- und Sanitärbetriebes.

Aufgabe 58

Beurteilen und buchen Sie die folgenden Sachverhalte:

Am 3. März 2025 geht die Miete in Höhe von 595,00 € für die Wohnung in Greifswald auf dem betrieblichen Bankkonto ein.

Art des Umsatzes (§)	
Ort des Umsatzes (§)	
steuerbar (§)/nicht steuerbar, weil ...	
steuerfrei (ja/nein, §)	
Bemessungsgrundlage (§ und €)	
Umsatzsteuer (€)	

Buchungssatz:

Gewinnauswirkung:

Aufgabe 59

Herr Carkow überweist die Miete in Höhe von 5.950,00 € am 2. März an seine Vermieterin, die Immoaktiv GmbH mit Sitz in Rostock. Die Vermieterin optiert zur Umsatzbesteuerung nach § 9 UStG.

Beurteilen Sie diesen Fall umsatzsteuerlich aus Sicht des vermietenden Unternehmens.

Art des Umsatzes (§)	
Ort des Umsatzes (§)	
steuerbar (§)/nicht steuerbar, weil ...	
steuerfrei (ja/nein, §)	
Bemessungsgrundlage (§ und €)	
Umsatzsteuer (€)	

Aufgabe 60

Nehmen Sie die Buchung aus Aufgabe 59 aus Sicht des Mieters, Herrn Carkow, vor.

Buchungssatz:

Gewinnauswirkung:

Aufgabe 61

Herr Carkow schenkt seiner Tochter zum Einzug in ihre neue Wohnung einen Spiegelschrank für das Badezimmer. Diesen entnimmt er am 15. März seinem Warensortiment. Kunden bietet er diesen Spiegelschank für 595,00 € inkl. Umsatzsteuer an. Im Einkauf hatte der Spiegelschrank netto 200,00 € gekostet. Zwischenzeitlich hat der Lieferant den Preis für diesen Schrank um 10 % gesenkt.

Art des Umsatzes (§)	
Ort des Umsatzes (§)	
steuerbar (§)/nicht steuerbar, weil ...	
steuerfrei (ja/nein, §)	
Bemessungsgrundlage (§ und €)	
Umsatzsteuer (€)	

Buchungssatz:

Gewinnauswirkung:

Aufgabe 62

Frau Carkow entnimmt für den Wocheneinkauf der Familie 150,00 € in bar aus der Kasse.

Art des Umsatzes (§)	
Ort des Umsatzes (§)	
steuerbar (§)/nicht steuerbar, weil ...	
steuerfrei (ja/nein, §)	
Bemessungsgrundlage (§ und €)	
Umsatzsteuer (€)	

Buchungssatz:

Gewinnauswirkung:

Aufgabe 63

Herr Carkow wartet im Haus der Familie Schreier in Samtens die Heizungsanlage. Hierfür berechnet er insgesamt 357,00 €.

Art des Umsatzes (§)	
Ort des Umsatzes (§)	
steuerbar (§)/nicht steuerbar, weil ...	
steuerfrei (ja/nein, §)	
Bemessungsgrundlage (§ und €)	
Umsatzsteuer (€)	

Buchungssatz:

Gewinnauswirkung:

Aufgabe 64

Im März hat Herr Carkow insgesamt für 11.900,00 € Waren aus dem Heizungs- und Sanitärbereich an inländische Kunden verkauft.

Art des Umsatzes (§)	
Ort des Umsatzes (§)	
steuerbar (§)/nicht steuerbar, weil ...	
steuerfrei (ja/nein, §)	
Bemessungsgrundlage (§ und €)	
Umsatzsteuer (€)	

Buchungssatz:

Gewinnauswirkung:

Aufgabe 65

Bei der Tipp-Top GmbH mit Sitz in Lübeck hat Herr Carkow im März Waren im Wert von 10.000,00€ netto bestellt und geliefert bekommen. Die Tipp-Top GmbH bietet jedem ihrer Kunden für die Einkäufe im März einen Rabatt in Höhe von 10 %.

Buchen Sie die Lieferantenrechnung aus der Sicht von Herrn Carkow.

Buchungssatz:

Gewinnauswirkung:

Aufgabe 66

Herr Carkow hat von der Hahn-Vertriebs GmbH mit Sitz in Schwerin einen Restposten von 10 Wasserhahn-Armaturen für insgesamt 800,00,00 € plus Umsatzsteuer gekauft. Die Lieferung ist am 28. Februar eingetroffen.

Bei der Warenkontrolle am 4. März stellt Herr Carkow fest, dass zwei der Wasserhahn-Armaturen stark beschädigt sind. Er einigt sich mit dem Lieferanten, dass er die Wasserhähne entsorgt und die Rechnung entsprechend reduziert wird.

Den verbleibenden Betrag überweist Herr Carkow am 10. März unter Abzug von 3 % Skonto.

Nehmen Sie alle Buchungen in der zeitlichen Reihenfolge vor und geben Sie die Gewinnauswirkung an.

Aufgabe 67

Ihre Mandantin, die Schön KG, erhält mit der monatlich laufenden Buchhaltung eine betriebswirtschaftliche Auswertung (BWA). Sie können die folgenden Zahlen der betriebswirtschaftlichen Auswertung (BWA)/Summen- und Saldenlisten (SuSa) entnehmen:

Wareneingang	6.000,00 €
Bezugskosten	250,00 €
Erhaltene Skonti	100,00 €
Umsatzerlöse	30.000,00 €
Rücksendungen an Lieferanten	50,00 €
Gewährte Skonti	150,00 €
Sonstige betriebliche Erträge	1.000,00 €
Sonstige betriebliche Aufwendungen	15.000,00 €
Bestandsveränderungen	0,00 €

Berechnen Sie den Wareneinsatz, Rohgewinn Kalkulationszuschlag bzw. Rohgewinnaufschlagsatz und Reingewinn.

C

PRÜFUNGSBEREICH: SACHVERHALTE STEUERRECHTLICH BEURTEILEN UND IN STEUERERKLÄRUNGEN BEARBEITEN

1 Einkommensteuer – Gewinneinkünfte und weitere Überschusseinkünfte ermitteln (Lernfeld 8)

Aufgabe 68

Die unbeschränkt steuerpflichtige Hilde Sandel (60 Jahre alt) möchte aus persönlichen Gründen das Leben etwas ruhiger angehen und sich neuen Herausforderungen zuwenden. Deshalb entschied sie sich, ihren Gewerbebetrieb Sandel Naturprodukte e. K. im Ganzen zu veräußern. Die Betriebsveräußerung wurde am 1. Mai 2024 vollzogen. Frau Sandel stellte ihre gesamte gewerbliche Tätigkeit auf Dauer ein. Der Gewinn aus dem Gewerbebetrieb mit abweichendem Wirtschaftsjahr (1. April 2023 bis 31. März 2024) betrug 63.000,00 €. Für die Zeit vom 1. April 2024 bis zur Betriebsveräußerung erzielte Sandel einen Gewinn in Höhe von 15.000,00 €. Bei der Betriebsveräußerung ergaben sich die folgenden Werte:

Veräußerungspreis	365.000,00 €
Kosten im Zusammenhang mit der Veräußerung	14.000,00 €

Die vereinfachte Bilanz zum Veräußerungszeitpunkt wies folgende Werte aus:

Summe Vermögen	265.000,00 €
Summe Schulden	60.000,00 €

Berechnen und benennen Sie die Einkünfte von Frau Sandel für den Veranlagungszeitraum 2024. Stellen Sie Ihre Berechnung übersichtlich dar. Nichtansätze sind kurz zu begründen. Steuerliche Wahlrechte sind zugunsten der Steuerpflichtigen auszuüben.

Sachverhalt zu den Aufgaben 69–72

Frau Susanne Kaltschic betreibt in Rostock einen Einzelhandel mit Spielwaren unter der Firma Kaltschic Spielwaren e. K. in gemieteten Räumen. Der vorläufige Gewinn gem. § 5 Abs. 1 EStG i. V. m. § 4 Abs. 1 EStG beträgt 50.000,00 € für 2024. Sie versteuert ihre Umsätze nach vereinbarten Entgelten, gibt monatliche Umsatzsteuer-Voranmeldungen ab und ist zum Vorsteuerabzug berechtigt. Es wurde ein Antrag auf Dauerfristverlängerung gestellt. Alle Rechnungen und Belege sind ordnungsgemäß und vorhanden. Folgender Sachverhalt wurde noch nicht berücksichtigt: In 2024 errichtete Frau Kaltschic ein Wohn- und Geschäftshaus auf einem ihr seit Jahren gehörenden Grundstück in Rostock, das ab Fertigstellung am 1. Dezember 2024 wie folgt genutzt wird:

Erdgeschoss (200 m²)	eigener Laden Sie überweist monatlich Miete in Höhe von 3.000,00 € von ihrem betrieblichen Bankkonto auf ihr Mietkonto.
1. Obergeschoss (200 m²)	Vermietung an einen vorsteuerabzugsberechtigten Steuerberater ab dem 1. Dezember 2024. Dieser zahlt laut Mietvertrag (Dauerrechnung) 3.808,00 €.
2. Obergeschoss (200 m²)	Vermietung an einen Versicherungsmakler ab dem 1. Dezember 2024 für mtl. 3.000,00 € zuzüglich 200,00 € Nebenkosten

Soweit wie möglich optiert Frau Kaltschic zur Umsatzsteuerpflicht. Die Mietzahlungen sind zu Beginn des Monats fällig und wurden pünktlich entrichtet.

Die Herstellungskosten des Gebäudes belaufen sich laut ordnungsgemäßer Rechnung gem. §§ 14, 14a UStG vom 2. Dezember 2024 des polnischen Bauunternehmers auf 450.000,00 € netto. Die erforderlichen Materialien wurden durch den Bauunternehmer zuvor selbst beschafft.

Zusätzlich wurden in 2024 folgende Kosten gezahlt, die sich gleichmäßig auf das gesamte Objekt verteilen:

Gebäudeversicherung	800,00 €	
Grundbesitzabgaben	1.280,00 €	
Hausmeisterdienst/Reinigung (monatlich ab 1. Dezember 2024)	200,00 €	+ 19 % USt.
Energieversorgung (monatlich ab 1. Dezember 2024)	360,00 €	+ 19 % USt.
Disagio (marktüblich) bei Aufnahme des Darlehns am 1. Mai 2024; Zinsfestschreibungszeitraum/Laufzeit 20 Jahre	6.000,00 €	
Zinsen laut Abrechnung (Mai–Dez.)	8.000,00 €	

Die Umsatzsteuer-Voranmeldung für Dezember 2024 wird fristgerecht am Montag, den 10. Februar 2025 übermittelt und die Zahllast vom Finanzamt eingezogen.

Aufgabe 69

Beurteilen Sie die Nutzung des Gebäudes umsatzsteuerrechtlich hinsichtlich Steuerbarkeit, Steuerpflicht und Bemessungsgrundlage, getrennt nach den jeweiligen Geschossen, und nennen Sie, sofern gefordert, die (genaue) gesetzliche Grundlage. Nichtansätze sind zu begründen.

Erdgeschoss: Steuerbarkeit (ja, nein, Begründung)	
1. Obergeschoss: Vermietung Steuerbüro steuerfrei (ja/nein) mit Begründung und gesetzlichen Grundlagen	
Bemessungsgrundlage in Euro	
Umsatzsteuer in Euro	
2. Obergeschoss: Vermietung Versicherungsmakler steuerfrei (ja/nein) mit Begründung und gesetzlichen Grundlagen	

Aufgabe 70

Beurteilen Sie umsatzsteuerrechtlich die Leistung des polnischen Bauunternehmers auch aus Sicht von Frau Kaltschic und nennen Sie, sofern gefordert, die (genaue) gesetzliche Grundlage.

Art des Umsatzes des polnischen Bauunternehmers (§)	
Ort des Umsatzes (§)	
steuerbar (§)/nicht steuerbar, weil ...	
steuerfrei (ja/nein, §)	
Steuerschuldner (Name, §)	
Bemessungsgrundlage (§ und €)	
Umsatzsteuer (€)	
abziehbare Vorsteuer (€ / §)	
Entstehung der USt. (wann, §)	

Aufgabe 71

*Ermitteln Sie die **abzugsfähige Vorsteuer** im Dezember 2024 aus dem o. g. Sachverhalt (Herstellung und Nutzung des Gebäudes).*

Anteil der abzugsfähigen Vorsteuer:

Gebäudeteil	Vorsteuer abzugsfähig (ja/nein)?	Anteil
Erdgeschoss		
1. Obergeschoss		
2. Obergeschoss		
genaue gesetzliche Grundlage		

Ermittlung der abzugsfähigen Vorsteuer in Euro:

Aufgabe 72

Ermitteln Sie in einer übersichtlichen Darstellung die endgültigen Einkünfte von Frau Kaltschic für den Veranlagungszeitraum 2024 unter Angabe der jeweiligen Einkunftsart. ***Die vermieteten Räume sollen dem Privatvermögen zugeordnet werden****. Es kann auf volle Eurobeträge gerundet werden.*

Aufgabe 73

Herr Dr. Heinrich Wund ist Facharzt für Allgemeinmedizin und betreibt in Schwerin eine allgemeinärztliche Praxis. Er ermittelt seinen Gewinn gem. § 4 Abs. 3 EStG. Für das Jahr 2024 hat er laut seinen Aufzeichnungen insgesamt 275.000,00 € Betriebseinnahmen und 230.000,00 € Betriebsausgaben ermittelt. Ordnungsgemäße Rechnungen liegen in allen Fällen vor. § 7g EStG und § 6 Abs. 2 EStG sind anzuwenden.

Die nachfolgenden Sachverhalte bedürfen noch einer Überprüfung. Nehmen Sie, falls notwendig, erforderliche Korrekturen mit stichwortartigen Begründungen vor.

Benutzen Sie das Lösungsschema. Es ist ein möglichst geringer Gewinn zu ermitteln.

a) Im Dezember 2024 hat Dr. Wund eine spezielle Software (ND 5 Jahre) bestellt, die Anfang Januar 2025 geliefert wurde. Die Rechnung in Höhe von 3.570,00 € hat er bereits im Dezember 2024 erhalten, am 28. Dezember 2024 überwiesen und dementsprechend auch in 2024 als Betriebsausgabe erfasst.

b) Die am 5. Februar 2025 fällige Miete in Höhe von 2.000,00 € für die Praxisräume hat Dr. Wund bereits am 29. Dezember 2024 überwiesen. Da es sich um die Januarmiete 2025 handelt, ist die Erfassung in 2024 als Betriebsausgabe unterblieben.

c) Dr. Wund war Ende April auf einer Fachmesse in Hamburg. Er fuhr mit seinem Firmenwagen am Sonntag, 17. April 2024, nach München. Die Entfernung beträgt 120 Kilometer. Er hat im Hotel Vier Jahreszeiten zwei Übernachtungen ohne Frühstück gebucht. Die Hotelrechnung beinhaltete neben den Übernachtungskosten von 200,00 € inkl. Umsatzsteuer auch 15,00 € zzgl. Umsatzsteuer für betriebliche Telefonate sowie 10,00 € zzgl. Umsatzsteuer für die Nutzung der Hotelgarage. Am Dienstag ist Dr. Wund wieder nach Schwerin gefahren. Der Sachverhalt wurde noch nicht erfasst.

d) Auf der Messe hat Dr. Wund eine Spende an „Ärzte ohne Grenzen" in Höhe von 250,00 € geleistet. Einen ordnungsgemäßen Beleg hat er dafür erhalten. Dieser Betrag ist in den Betriebsausgaben enthalten.

e) Die fällige Rechnung eines Lieferanten für Hygieneprodukte war am 27. Dezember 2024 in Höhe von 595,00 € fällig. Dr. Wund beglich den Betrag am 29. Dezember 2024 mittels Onlineüberweisung. Der Vorgang wurde noch nicht erfasst, da Dr. Wund die Belastung seines Kontos erst im Januar 2025 tatsächlich feststellen konnte.

f) Eine Überprüfung der vorrätigen Medikamente hat ergeben, dass bei Produkten im Wert von 1.500,00 € das Haltbarkeitsdatum überschritten war. Dr. Wund hat die Medikamente vernichtet und den Betrag als Betriebsausgabe erfasst.

g) Für den Mai des kommenden Jahres plant Dr. Wund die Erweiterung seiner Praxis. Für ein neues Ultraschallgerät veranschlagt er Kosten in Höhe von 30.000,00 € zzgl. Umsatzsteuer.

h) Außerdem hat Dr. Wund für die Erweiterung bereits im November 2024 das unbebaute Nachbargrundstück als Patientenparkplatz für insgesamt 120.000,00 € erworben und die bereits gezahlten Anschaffungskosten als Betriebsausgabe erfasst.

i) Mit der Praxiserweiterung ist eine Neueinstellung verbunden. Das Bewerbungsgespräch findet in einem Restaurant in der Nähe statt. Dr. Wund hat den Bewirtungsbeleg in Höhe von 60,00 € als Betriebsausgabe erfasst. Die Kosten sind angemessen.

j) Bereits in 2022 plante Dr. Wund die Anschaffung einer weiteren Behandlungsliege. Dafür nahm er einen IAB in Höhe von 5.000,00 € in Anspruch. Im März 2024 erwirbt er eine Liege für 6.000,00 € brutto. Die Liege hat eine Nutzungsdauer von 10 Jahren. Dieser Sachverhalt wurde von Dr. Wund noch nicht berücksichtigt.

k) Dr. Wund nutzt den Praxis-Pkw mit ca. 30 % auch für private Fahrten. Er hatte den Pkw 2023 für 50.000,00 € angeschafft. Laut Hersteller beträgt der Netto-Listenpreis für diesen Pkw 52.500,00 €. Dr. Wund führt kein Fahrtenbuch. Der private Nutzungsanteil für das gesamte Jahr 2024 ist noch zu erfassen, soweit dieses erforderlich ist.

Sachverhalt zu den Aufgaben 74 und 75

Thomas Winter hat mit notariell beurkundetem Kaufvertrag vom 17. März 2024 ein Mehrfamilienhaus in der Innenstadt von Norderstedt günstig erwerben können. Besitz, Nutzungen und Lasten sind ab dem 1. April 2024 auf Thomas Winter übergegangen; die Eintragung in das Grundbuch erfolgte am 2. Mai 2024.

Das Haus enthält acht Wohnungen, die alle vermietet sind. Die Mietverhältnisse werden von Thomas Winter unverändert fortgeführt. Aus dem Objekt erzielte Thomas Winter seit dem Erwerb bis einschließlich August 2024 monatliche Mieteinnahmen in Höhe von insgesamt 4.200,00 €.

Die Anschaffungskosten des Mehrfamilienhauses betrugen nur 400.000,00 €, da der Verkäufer bisher seit der Errichtung des Gebäudes im Jahr 1971 noch keine größeren Modernisierungsmaßnahmen an dem Gebäude hat durchführen lassen. Dementsprechend entfallen von dem Kaufpreis 200.000,00 € auf den Wert des Grund und Bodens. Folgende Aufwendungen sind von Thomas Winter im VZ 2024 im Zusammenhang mit dem Kauf des Mehrfamilienhauses bezahlt worden:

Grunderwerbsteuer	26.000,00 €
Notarkosten für die Beurkundung des Kaufvertrages, brutto	3.500,00 €
Notarkosten für die Grundschuldbestellung, brutto	1.500,00 €
Grundbuchgebühren für die Eintragung des Eigentümerwechsels	1.500,00 €
Grundbuchgebühren für die Eintragung der Grundschuld	800,00 €

Im Juni 2024 hatte Thomas Winter folgende umfangreiche Maßnahmen an dem Gebäude durchführen lassen:

Einbau von Balkontüren und Anbau von Balkonen, brutto	90.000,00 €
Dachreparatur, brutto	65.000,00 €
Fassadendämmung, brutto	40.000,00 €
Summe	195.000,00 €

Thomas Winter möchte den im September 2024 bezahlten Betrag in Höhe von 195.000,00 € gem. **§ 82b EStDV** gleichmäßig auf fünf Jahre verteilen.

Allgemeine monatliche Ausgaben, die als Werbungskosten abzugsfähig sind, entstanden darüber hinaus im VZ 2024 in Höhe von 1.200,00 €.

Zudem sind Zinsen zur Finanzierung des Kaufpreises in Höhe von insgesamt 4.500,00 € entstanden.

Nach der durchgeführten Modernisierung konnte Thomas Winter die monatlichen Mieten ab September 2025 in angemessenem Maße erhöhen. Nunmehr erzielte Thomas Winter monatliche Mieteinnahmen in Höhe von insgesamt 5.040,00 €. Dies entspricht auch der üblichen Miete für vergleichbare Wohnungen.

Aufgabe 74

Prüfen und begründen Sie, ob der geltend gemachte Instandsetzungs- und Modernisierungsaufwand in Höhe von insgesamt 195.000,00 € nach § 82b EStDV gleichmäßig auf fünf Jahre verteilt werden kann.

Aufgabe 75

Ermitteln Sie in einer übersichtlichen Darstellung für den VZ 2024 die Einkünfte aus Vermietung und Verpachtung. Centbeträge können auf volle Eurobeträge gerundet werden.

Sachverhalt zu den Aufgaben 76 und 77

Die unbeschränkt einkommensteuerpflichtige Klara Günzel, ledig und konfessionslos, erhielt als Anteilseignerin der Sport und Fitness GmbH, Leipzig, von dieser eine Dividendengutschrift auf ihr Bankkonto nach Abzug von Kapitalertragsteuer und Solidaritätszuschlag in Höhe von 44.175,00 €.

Weiter hatte Frau Günzel 100 Aktien der niedersächsischen Schein AG am 10. Mai 2023 für 20.000,00 € erworben. Die Transaktionskosten betrugen einmalig 50,00 €. Diese 100 Aktien (Beteiligung von 0,45 % am Grundkapital der AG) veräußerte sie am 1. September 2024 zum Kurs von 260,00 € pro Aktie. Die dabei anfallende Verkaufsgebühr betrug 120,00 €.

Das Finanzamt überwies an Frau Günzel am 3. Juni 2024 Zinsen zur Einkommensteuer 2020 gem. § 233a AO in Höhe von 300,00 €.

Auf ihrem Sparbuch wurden Frau Günzel am 31. Dezember 2024 Zinsen in Höhe von 120,00 € gutgeschrieben. Ihrer Bank hatte Sie dafür einen Freistellungsauftrag über 200,00 EUR erteilt.

Aufgabe 76

Berechnen Sie die Einkünfte aus Kapitalvermögen von Frau Günzel für den Veranlagungszeitraum 2024. Stellen Sie Ihre Berechnung übersichtlich dar. Anträge wurden nicht gestellt.

Aufgabe 77

Was würde sich ändern, wenn Klara Günzel mit Klaus Günzel (ebenfalls konfessionslos) verheiratet wäre, beide zusammen zu Einkommensteuer veranlagt werden und die Sparbuchzinsen Klaus Günzel zugeflossen wären?

Aufgabe 78

Die Eheleute Max und Amelie Klinke wohnen in Hamburg. Sie haben aus verschiedenen Verkäufen im Veranlagungszeitraum 2024 die folgenden Einnahmen bzw. Einkünfte erzielt. Die Eheleute werden zusammen zur Einkommensteuer veranlagt. Der Ehemann Max Klinke hatte im Mai 2024 seinen gebrauchten Pkw an einen Händler für 7.500,00 € veräußert. Die Anschaffungskosten im November 2023 betrugen 11.000,00 €. Außerdem veräußerte er innerhalb eines Jahres nach Anschaffung eine signierte Gitarre (Sammlerstück) und erzielte damit einen Gewinn von 1.010,00 €. Amelie Klinke erzielte unstreitig einen Gewinn aus einem privaten Veräußerungsgeschäft in Höhe von 999,00 €.

Ermitteln Sie in einer übersichtlichen Darstellung die Einkünfte der Eheleute für den Veranlagungszeitraum 2024.

Aufgabe 79

Maria da Silvio ist unbeschränkt einkommensteuerpflichtig. Ihre gesetzliche Rente für 2024 beträgt 15.079,92 €, Beginn der Rentenzahlung 1. April 2010. Der Rentenanpassungsbetrag beläuft sich auf 2.223,96 €. Die von der gesetzlichen Rente einbehaltenen Krankenversicherungsbeiträge wurden mit 1.266,66 € und die Pflegeversicherungsbeiträge mit 384,54 € ausgewiesen.

Ermitteln Sie in einer übersichtlichen Darstellung die Einkünfte von Frau da Silvio für den Veranlagungszeitraum 2024.

Aufgabe 80

Die unbeschränkt einkommensteuerpflichtige Gisela Ganz unterstützt ab 1. September 2024 ihre bedürftige Mutter, die nur ein geringes eigenes Vermögen besitzt. Die Mutter von Frau Ganz hat im gesamten Jahr 2024 Einkünfte und Bezüge in Höhe von 8.000,00 €. Der monatliche Unterstützungsbetrag von 200,00 € fließt seit September 2024 per Dauerauftrag auf das Konto der Mutter.

Ermitteln Sie in einer übersichtlichen Darstellung die Höhe der abzugsfähigen außergewöhnlichen Belastungen aufgrund der Unterhaltszahlungen an die Mutter.

Aufgabe 81

Berechnen Sie die jeweilige Steuerermäßigung für den Veranlagungszeitraum 2024. Geben Sie jeweils die gesetzliche Grundlage an. Stellen Sie Ihre Berechnung übersichtlich dar. Nichtansätze sind kurz zu begründen.

a) Hans Hansen ist Gewerbetreibender in Rostock. Seine Einkünfte aus Gewerbebetrieb für 2024 betragen 55.000,00 €. Der Gewerbesteuermessbetrag für 2024 beträgt 1.160,00 €, der Hebesatz der Hansestadt Rostock wurde auf 465 % festgesetzt.

b) Herr Hansen beschäftigt in seinem privaten Wohnhaus eine Haushaltshilfe im Rahmen einer sozialversicherungsrechtlichen Beschäftigung. Die dafür nachgewiesenen Aufwendungen im Jahr 2024 betrugen 6.400,00 €. Der für die Lohnabrechnung beauftragte Steuerberater erstellte am 22. Dezember 2024 eine Jahresrechnung über 250,00 €. Herr Hansen zahlte diese Rechnung am 28. Dezember 2024.

c) Hans Hansen überwies 2024 an einen Flieseneger 1.200,00 €. Er erhielt von dem Fliesenleger eine Rechnung für die in seinem privaten Wohnhaus erbrachte Leistung. Aus der Rechnung geht hervor, dass der Rechnungsbetrag sich aus 750,00 € inkl. Umsatzsteuer Lohnanteil und 450,00 € inkl. Umsatzsteuer Materialanteil zusammensetzt.

2 Körperschaftsteuer – Körperschaftsteuer ermitteln (Lernfeld 9)

Sachverhalt zu den Aufgaben 82 und 83

Die Handelswaren Im- und Export Heinemann GmbH mit Sitz und Geschäftsleitung in Rostock verkauft Handelswaren aller Art. Das Geschäftsjahr entspricht dem Kalenderjahr. Alleinige Geschäftsführerin ist Hanna Heinemann. Es liegt die folgende, nach den handelsrechtlichen Vorschriften ermittelte, vorläufige Gewinn- und Verlustrechnung vom 1. Januar bis 31. Dezember 2024 vor:

Aufwendungen	
Materialaufwand	512.400,00 €
Personalaufwand	220.000,00 €
Abschreibung Sachanlagen	10.154,00 €
Sonstige betriebliche Aufwendungen	39.876,00 €
Bewirtungsaufwendungen	2.340,00 €
GewSt-Vorauszahlungen für 2024	18.000,00 €
KSt-Vorauszahlungen für 2024	20.000,00 €
Vorauszahlungen SolZ für 2024	1.100,00 €
Summe Aufwendungen	823.870,00 €

Erträge	
Umsatzerlöse	920.123,00 €
Sonstige betriebliche Erträge	897,00 €
Summe Erträge	921.020,00 €

Summe Erträge	921.020,00 €
– Summe Aufwendungen	823.870,00 €
= **Jahresüberschuss**	97.150,00 €

In den Personalkosten ist auch eine angemessene Tätigkeitsvergütung in Höhe von monatlich 1.000,00 € für Frau Heinemanns Tochter Dora ab August 2024 enthalten. Dora Heinemann arbeitet im Rahmen eines dualen Studiums in der GmbH mit. Allerdings hat sie dieses Gehalt auch während ihrer viermonatigen Reise durch Amerika erhalten.

In den sonstigen betrieblichen Aufwendungen sind auch eine Spende an die Universität Rostock für wissenschaftliche Zwecke in Höhe von 2.000,00 € und eine Parteispende in Höhe von 500,00 € enthalten.

Der Bewirtungsaufwand ist insgesamt angemessen.

Zum 31. Dezember 2023 beträgt der verbleibende Verlustvortrag 11.850,00 €.

Aufgabe 82

Berechnen Sie in einer übersichtlichen Darstellung die Rückstellungen bzw. Erstattungen für die Körperschaftsteuer und den Solidaritätszuschlag für den Veranlagungszeitraum 2024. Nichtansätze sind kurz zu begründen.

Aufgabe 83

Ermitteln Sie den endgültigen handelsrechtlichen Jahresüberschuss.

Sachverhalt zu den Aufgaben 84 und 85

Der unbeschränkt einkommensteuerpflichtige Klaus Karlson ist konfessionslos und alleiniger Gesellschafter der Karlson Großhandelsgesellschaft mbH mit Sitz in Hamburg.

Die Karlson Großhandelsgesellschaft mbH erwirtschaftete im Geschäftsjahr 2023 (Wj = Kj) einen steuerrechtlichen Gewinn vor Abzug der Steuern vom Einkommen und Ertrag von 2.214.000,00 €. Die Gewerbesteuer für 2023 beträgt 400.300,00 €. Herr Karlson beschloss im Januar 2024, den Gewinn des Jahres 2023 auszuschütten. Auch in den Vorjahren wurden sämtliche Gewinne vollständig ausgeschüttet.

Seiner GmbH hat Herr Karlson einen Freistellungsauftrag in Höhe von 1.000,00 € erteilt.

Aufgabe 84

Berechnen Sie in einer übersichtlichen Darstellung den ausschüttbaren Gewinn des Jahres 2023 der Karlson Großhandelsgesellschaft mbH.

Aufgabe 85

Berechnen Sie in einer übersichtlichen Darstellung den maximalen Betrag, den die Karlson Großhandelsgesellschaft mbH als Gewinn im Januar 2024 an Herr Karlson überweisen durfte.

3 Gewerbesteuer – Gewerbesteuer ermitteln (Lernfeld 9)

Aufgabe 86

Hanna Abel betreibt gemeinsam mit Hans Klein in Heide (Hebesatz 380 %) einen Spielwarenhandel unter der Firma Abel Spielwaren KG. Der vorläufige handelsrechtliche Jahresüberschuss für 2024 beträgt 60.366,00 € (Wj = Kj).

Die Abel Spielwaren KG betreibt den Spielwarenhandel in gemieteten Räumen. Die Miete inklusive Nebenkosten und Umsatzsteuer beträgt monatlich 2.380,00 €.

Um die Spielwaren stets angemessen präsentieren zu können, zahlt die Abel Spielwaren KG an die Ladeneinrichtungsleasing GmbH monatlich 500,00 € zuzüglich 19 % Umsatzsteuer.

Weiter bekommt Frau Abel monatlich ein fremdübliches Gehalt in Höhe von 3.500,00 € von der Abel Spielwaren KG auf Ihr privates Girokonto überwiesen. Dieses wurde von der Abel Spielwaren KG als Personalaufwand gebucht.

Aus betriebswirtschaftlichen Gründen ist die Abel Spielwaren KG an der X & Y Vertriebs OHG beteiligt, die sehr erfolgreich Spielwaren über das Internet vertreibt. Der Gewinnanteil der Abel Spielwaren KG an der X & Y Vertriebs OHG für 2024 beträgt 8.000,00 € und wurde am 12. Juni 2024 auf das Geschäftskonto der Abel Spielwaren KG überwiesen und als Ertrag gebucht.

Im Jahr 2024 spendete die Abel Spielwaren KG für gemeinnützige Zwecke 750,00 € und hat diese gewinnmindernd erfasst.

Herr Klein stellte der Abel Spielwaren KG ein Darlehn zur Stärkung der Betriebsmittel zu Verfügung. Er erhielt hierfür von der Abel Spielwaren KG Zinsen in Höhe von insgesamt 3.000,00 €, die von der Abel Spielwaren KG als Zinsaufwand gebucht wurden.

Für ihr Kontokorrentdarlehn hatte die Abel Spielwaren KG Zinsen in Höhe von 1.000,00 € in 2024 an ihre Hausbank gezahlt.

Es wurden Gewerbesteuervorauszahlungen für 2024 in Höhe von 5.800,00 € geleistet und als Aufwand gebucht. Eine Gewerbesteuerrückstellung für 2024 wurde noch nicht bilanziert.

Ermitteln Sie für den Erhebungszeitraum 2024 die Gewerbesteuerrückstellung bzw. Gewerbesteuererstattung in einer übersichtlichen Darstellung. Nichtansätze sind kurz zu begründen.

Aufgabe 87

Für die Luna GmbH mit Sitz und Geschäftsleitung in Kiel ist ein Gewerbesteuermessbetrag in Höhe von 34.800,00 € ermittelt. Die GmbH hat eine weitere Betriebsstätte in Rendsburg.

Die Personalkosten setzen sich wie folgt zusammen:

Personalkosten **Kiel**		500.000,00 €
davon Ausbildungsvergütungen	36.240,00 €	
davon Tantieme an den Geschäftsführer	50.000,00 €	
Personalkosten **Rendsburg**		300.000,00 €
davon Ausbildungsvergütungen	12.550,00 €	

Der Hebesatz der Landeshauptstadt Kiel beträgt 450 %, der Hebesatz der Kreisstadt Rendsburg beträgt 370 %.

Gewerbesteuervorauszahlungen 2024		142.125,00 €
davon an die Landeshauptstadt Kiel	75.000,00 €	
davon an die Kreisstadt Rendsburg	67.000,00 €	

Berechnen Sie in einer übersichtlichen Darstellung die Gewerbesteuerabschlusszahlung bzw. Gewerbesteuererstattung für den Erhebungszeitraum 2024.

4 Umsatzsteuer – Grenzüberschreitende Sachverhalte und Sonderfälle umsatzsteuerrechtlich bearbeiten und erfassen (Lernfeld 6)

Aufgabe 88

Beurteilen Sie die nachfolgenden Sachverhalte umsatzsteuerrechtlich unter Angabe der Rechtsnorm. Geben Sie, soweit gefordert, den Buchungssatz und die Gewinnauswirkung an.

Gehen Sie davon aus, soweit im einzelnen Sachverhalt nichts anderes erwähnt ist, dass alle erforderlichen Nachweise vorliegen und alle Rechnungen ordnungsgemäß erstellt sind. Die einzelnen Unternehmer verwenden jeweils die von ihrem Ansässigkeitsstaat erteilte USt-IdNr. Der Regelsteuersatz beträgt 19 % und der ermäßigte Steuersatz 7 %. Verwenden Sie für Ihre Lösung die jeweils nachfolgende Tabelle.

Allgemeine Angaben zum Unternehmer Otto Ohnesorg:

Der Unternehmer Otto Ohnesorg mit Wohnsitz in München (Inland) betreibt in München ein Großhandelsunternehmen für Outdoor-Ausrüstung. Er versteuert seine Umsätze nach vereinbarten Entgelten. Die Umsatzsteuerzahlungen im Vorjahr betrugen insgesamt 15.500,00 €.

a) Herr Ohnesorg nahm an einer Messe in Bern (Schweiz) für Outdoor-Ausrüstungen teil. Während der Messe konnte er 500 Wanderrucksäcke für einen Einzelpreis von 400,00 € netto an eine deutsche Handelskette verkaufen. Die Auslieferung erfolgte direkt aus dem Lager von Herrn Ohnesorg in München an die einzelnen Filialen in Deutschland auf Rechnung.

Art des Umsatzes (§)	
Ort des Umsatzes (§)	
steuerbar (§)/nicht steuerbar, weil ...	
steuerfrei (ja/nein, §)	
Bemessungsgrundlage (§ und €)	
Umsatzsteuer (€)	
abziehbare Vorsteuer (€/§)	

Geben Sie auch den Buchungssatz sowie die Gewinnauswirkung an.

Eine mögliche Umsatzsteuer ist nicht zu buchen.

b) Während der Outdoor-Messe in Bern verkauft Herr Ohnesorg an einen Schweizer Sportartikelhändler 5 Paar Wanderschuhe (Ausstellungsstücke) für 595,00 €. Der Kunde ließ die Wanderschuhe am letzten Tag der Messe in Bern (Schweiz) abholen und überwies sofort den vereinbarten Kaufpreis.

Art des Umsatzes (§)	
Ort des Umsatzes (§)	
steuerbar (§)/nicht steuerbar, weil ...	
steuerfrei (ja/nein, §)	
Bemessungsgrundlage (§ und €)	
Umsatzsteuer (€)	
abziehbare Vorsteuer (€/§)	

Geben Sie auch den Buchungssatz sowie die Gewinnauswirkung an.

c) Herr Ohnesorg erhielt von einem Outdoor-Ausstatter aus Zürich (Schweiz) den Auftrag zur Lieferung von unterschiedlichen Artikeln. Der vereinbarte Kaufpreis betrug 5.950,00 €. Die Auslieferung erfolgte aus dem Lager von Herrn Ohnesorg in München auf Rechnung durch eine deutsche Spedition.

Art des Umsatzes (§)	
Ort des Umsatzes (§)	
steuerbar (§)/nicht steuerbar, weil ...	
steuerfrei (ja/nein, §)	
Bemessungsgrundlage (§ und €)	
Umsatzsteuer (€)	
abziehbare Vorsteuer (€/§)	

Geben Sie auch den Buchungssatz sowie die Gewinnauswirkung an.

d) Für die nächste Saison bestellte Herr Ohnesorg bei einer französischen Firma aus Toulouse (Frankreich) Outdoor-Bekleidung für insgesamt 11.900,00 € auf Rechnung. Die französische Firma ließ die Bekleidung durch eine Spedition anliefern.

Art des Umsatzes (§)	
Ort des Umsatzes (§)	
steuerbar (§)/nicht steuerbar, weil ...	
steuerfrei (ja/nein, §)	
Bemessungsgrundlage (§ und €)	
Umsatzsteuer (€)	
abziehbare Vorsteuer (€/§)	

Geben Sie auch den Buchungssatz sowie die Gewinnauswirkung an.

e) Bei der Auslieferung von Waren beschädigte ein Mitarbeiter von Herrn Ohnesorg diese. Er meldete den Schaden seiner Versicherung. Diese erstattete ihm 1.190,00 €.

Art des Umsatzes (§)	
Ort des Umsatzes (§)	
steuerbar (§)/nicht steuerbar, weil ...	
steuerfrei (ja/nein, §)	
Bemessungsgrundlage (§ und €)	
Umsatzsteuer (€)	
abziehbare Vorsteuer (€/§)	

Geben Sie auch den Buchungssatz, sowie die Gewinnauswirkung an.

f) Der Sohn des Herrn Ohnesorg eröffnete ein Sportgeschäft in der Innenstadt von Stuttgart. Otto Ohnesorg verkaufte seinem Sohn zur Eröffnung Wanderzelte für 2.380,00 € (inkl. 19 % USt.). Die Wanderzelte wurden von Herrn Ohnesorg zu einem Einkaufspreis von 3.000,00 € netto erworben. Wegen einer zu geringen Nachfrage wurde dieser Preis zwischenzeitlich um 500,00 € gesenkt.

Art des Umsatzes (§)	
Ort des Umsatzes (§)	
steuerbar (§)/nicht steuerbar, weil ...	
steuerfrei (ja/nein, §)	
Bemessungsgrundlage (§ und €)	
Umsatzsteuer (€)	
abziehbare Vorsteuer (€/§)	

Geben Sie auch den Buchungssatz sowie die Gewinnauswirkung an.

g) Herr Ohnesorg entnahm seinem Warenlager kurz vor Weihnachten eine sehr sportliche Jacke als Geschenk für seine Frau. Seinen Kunden bietet er diese Jacke für 349,00 € zzgl. Umsatzsteuer an. Der Einkaufspreis betrug 200,00 € netto.

Art des Umsatzes (§)	
Ort des Umsatzes (§)	
steuerbar (§)/nicht steuerbar, weil ...	
steuerfrei (ja/nein, §)	
Bemessungsgrundlage (§ und €)	
Umsatzsteuer (€)	
abziehbare Vorsteuer (€/§)	

Geben Sie auch den Buchungssatz sowie die Gewinnauswirkung an.

h) Herr Ohnesorg erhielt von einem Versand-Handelsunternehmen mit Sitz in München den Auftrag, sämtliche Outdoor-Artikel für die nächste Saison zu liefern. Herr Ohnesorg hat daher dem Versand-Handelsunternehmen im Monat Juni 2024 bei Auftragsannahme (vor Ausführung der Leistung) eine Anzahlungsrechnung in Höhe von 50.000,00 € zzgl. 19 % Umsatzsteuer 9.500,00 € = 59.500,00 € gestellt. Der Rechnungsbetrag wurde im Monat Juli 2024 per Banküberweisung beglichen.

Geben Sie an, wann die Umsatzsteuer für die Anzahlung entstand. Buchen Sie die Anzahlungsrechnung zum Zeitpunkt der Zahlung.

i) Die Lieferungen aus Teilaufgabe h) wurden am 30. September 2024 durch Herrn Ohnesorg ausgeführt.

Er erteilte folgende Schlussrechnung:

Rechnungsdatum: 10. Oktober 2024		
Outdoor-Artikel divers		100.000,00 €
19 % USt.		19.000,00 €
		119.000,00 €
Erhaltene Anzahlung	– 50.000,00 €	
19 % USt.	– 9.500,00 €	
		– 59.500,00 €
Noch zu zahlen		59.500,00 €
Die Leistung wurde im September 2024 erbracht.		

Der Kunde hat die Rechnung am 15. Oktober per Banküberweisung bezahlt.

Geben Sie an, wann und in welcher Höhe die Umsatzsteuer entstand.

Buchen Sie den Ausgleich der Rechnung und geben Sie die Gewinnauswirkung an.

j) Das Bauunternehmen Zweckbau GmbH aus Augsburg errichtet für Herrn Ohnesorg auf dessen Grundstück in München eine Lagerhalle. Die Zweckbau GmbH führt diesen Auftrag mit selbst beschafften Baustoffen aus. Die Zweckbau GmbH stellt Herrn Ohnesorg insgesamt 235.000,00 € brutto in Rechnung.

Beurteilen Sie diesen Sachverhalt umsatzsteuerrechtlich aus der Sicht der Zweckbau GmbH:

Art des Umsatzes (§)	
Ort des Umsatzes (§)	
steuerbar (§)/nicht steuerbar, weil ...	
steuerfrei (ja/nein, §)	
Bemessungsgrundlage (§ und €)	
Umsatzsteuer (€)	
abziehbare Vorsteuer (€/§)	

k) Herr Ohnesorg möchte seine Produkte auch verstärkt in Österreich verkaufen. Hierfür lässt er sich von dem österreichischen Unternehmensberater Hubertus-Unternehmensberatung ein Konzept erstellen. Die Hubertus-Unternehmensberatung berechnet hierfür am 28. Mai 2024 einen Betrag in Höhe von 2.380,00 €.

Beurteilen Sie den Fall umsatzsteuerrechtlich. Verwenden Sie dafür die nachfolgende Tabelle:

Art des Umsatzes der Hubertus-Unternehmensberatung (§)	
Ort des Umsatzes (§)	
steuerbar (§)/nicht steuerbar, weil ...	
steuerfrei (ja/nein, §)	
Steuerschuldner (Name, §)	

Bemessungsgrundlage (§ und €)	
Umsatzsteuer (€)	
abziehbare Vorsteuer (€/§)	
Entstehung der Umsatzsteuer (wann, §)	

Bilden Sie den Buchungssatz für das Bezahlen der Rechnung durch Herrn Ohnesorg. Die Rechnung ist noch nicht gebucht. Geben Sie auch die Gewinnauswirkung an.

Aufgabe 89

Beurteilen Sie den nachfolgenden Sachverhalt umsatzsteuerrechtlich unter Angabe der Rechtsnorm. Verwenden Sie für Ihre Lösung die nachfolgende Tabelle. Die Nebenrechnung ist zwingend darzustellen.

Die Baustoffhändlerin Helga Sonnenschein hat ihren Betrieb in Rostock (Inland). Sie überlässt ihrem angestellten Außendienstmitarbeiter aus Bad Doberan im Kalenderjahr 2024 einen betrieblichen Pkw zur privaten Nutzung sowie für die Fahrten zur 20 Kilometer entfernten ersten Tätigkeitsstätte. Der überlassene Pkw mit Verbrennungsmotor wurde von Frau Sonnenschein im Januar 2023 für 28.000,00 € inkl. Umsatzsteuer erworben. Laut Angaben des Herstellers beträgt der Listenpreis einschließlich Umsatzsteuer 32.099,00 €. Der Arbeitnehmer führt kein Fahrtenbuch.

Art des Umsatzes (§)	
Ort des Umsatzes (§)	
steuerbar (§)/nicht steuerbar, weil ...	
steuerfrei (ja/nein, §)	
Bemessungsgrundlage (§ und €)	
Umsatzsteuer (€)	
abziehbare Vorsteuer (€/§)	

Nebenrechnung:

5 Abgabenordnung – Verwaltungsakte prüfen, Rechtsbehelfe und Anträge vorbereiten (Lernfeld 11)

Sachverhalt zu den Aufgaben 90 und 91

Die Steuerpflichtige Olga Viarbila wohnt in Kiel. Sie betreibt dort eine Praxis für Kinder- und Jugendpsychotherapie. Ihre Einkommensteuererklärung für den Veranlagungszeitraum 2023 hat sie am 7. November 2024 beim zuständigen Finanzamt elektronisch eingereicht. Am 14. Januar 2025 (Datum des Bescheids) versendete das Finanzamt den Einkommensteuerbescheid für 2023 mit der Post. Die Prüfung des Einkommensteuerbescheides ergab, dass das Finanzamt die Einkünfte aus selbstständiger Arbeit um 1.500,00 € geringer angesetzt hatte als erklärt. Außerdem wurde bei den Sonderausgaben die von Frau Viarbila im Jahr 2023 gezahlte Kirchensteuer von 550,00 € nicht berücksichtigt. Der Einkommensteuerbescheid für 2023 ist nicht unter dem Vorbehalt der Nachprüfung ergangen. Die Steuerfestsetzungen erfolgten nur gem. § 165 Abs. 1 S. 2 AO teilweise vorläufig.

Aufgabe 90

Prüfen Sie, welche Möglichkeit Frau Viarbila hat, eine Änderung des Einkommensteuerbescheides für 2023 nur bezüglich der nicht berücksichtigten, aber gezahlten Kirchensteuer zu erreichen.

Aufgabe 91

Benennen und ermitteln Sie in einer lückenlosen Darstellung die Frist, innerhalb derer Frau Viarbila ihr Anliegen vorbringen muss. Begründen Sie Ihre Lösung und nennen Sie die Rechtsgrundlagen.

Auszug aus dem Kalender 2024 und 2025:

Dezember 2024						
Mo		2	9	16	23	30
Di		3	10	17	24	31
Mi		4	11	18	**25**	
Do		5	12	19	**26**	
Fr		6	13	20	27	
Sa		**7**	**14**	**21**	**28**	
So	**1**	**8**	**15**	**22**	**29**	

Januar 2025						
Mo		6	13	20	27	
Di		7	14	21	28	
Mi	**1**	8	15	22	29	
Do	2	9	16	23	30	
Fr	3	10	17	24	31	
Sa	**4**	**11**	**18**	**25**		
So	**5**	**12**	**19**	**26**		

Februar 2025						
Mo		3	10	17	24	
Di		4	11	18	25	
Mi		5	12	19	26	
Do		6	13	20	27	
Fr		7	14	21	28	
Sa	**1**	**8**	**15**	**22**		
So	**2**	**9**	**16**	**23**		

D

PRÜFUNGSBEREICH: SACHVERHALTE IM ZUSAMMENHANG MIT FINANZBUCHHALTUNGEN, ENTGELTABRECHNUNGEN UND JAHRESABSCHLÜSSEN BEARBEITEN

1 Rechnungswesen – Arbeitsentgelte berechnen und buchen (Lernfeld 5)

Aufgabe 92

Die Gehaltsabrechnung eines Angestellten für den Monat August 2024 ergibt folgende Werte:

Bruttogehalt	2.600,00 €
Urlaubsgeld	1.000,00 €
Lohn- und Kirchensteuer, Solidaritätszuschlag	415,63 €
Arbeitnehmeranteil Sozialversicherung	784,33 €
Arbeitgeberanteil Sozialversicherung	774,56 €

Der Arbeitnehmer nutzt laut Arbeitsvertrag einen betrieblichen Pkw (Verbrennungsmotor) für private Zwecke und für die Fahrten zwischen Wohnung und erster Tätigkeitsstätte. Der Arbeitnehmer wohnt 25 Kilometer von seiner ersten Tätigkeitsstätte entfernt. Der Bruttolistenpreis des Dienstwagens beträgt 36.000,00 €. In dem Dienstwagen wurde zusätzlich noch eine Klimaanlage für 1.000,00 € zzgl. Umsatzsteuer eingebaut.

Nehmen Sie alle notwendigen Berechnungen vor und buchen Sie die Gehaltsabrechnung für den Monat August. In den genannten Abgabenwerten (Steuer, Sozialversicherung) ist die gesamte Pkw-Nutzung bereits berücksichtigt. Der Auszahlungsbetrag wird direkt per Bank überwiesen.

Sachverhalt zu den Aufgaben 93 und 94

Die Gehaltsabrechnung der Arbeitnehmerin Franziska Henningsen für Dezember 2024 weist folgende Werte aus:

Bruttogehalt	5.800,00 €
Fahrtkostenerstattung pauschal versteuert durch AG	230,00 €
Anrechnung eines im Dezember ausbezahlten Vorschusses	500,00 €
Lohn- und Kirchensteuer, Solidaritätszuschlag	1.611,87 €
Arbeitnehmeranteil Sozialversicherung	1.071,35 €
Arbeitgeberanteil Sozialversicherung einschließlich Umlagen	1.126,99 €

Aufgabe 93

Buchen Sie die Gehaltsabrechnung für Dezember.

Aufgabe 94

Der Arbeitgeber pauschaliert die Fahrtkostenerstattung gem. § 40 Abs. 2 EStG. Dabei ergibt sich eine pauschale Abgabe von insgesamt 38,80 € (pauschale Lohnsteuer, Solidaritätszuschlag, Kirchensteuer).

Buchen Sie die pauschalen Abgaben des Arbeitgebers.

2 Rechnungswesen – Beschaffung und Verkauf von Anlagevermögen erfassen (Lernfeld 7)

Aufgabe 95

Ihr Mandant kauft am 10. Dezember 2024 (auch Übergang Nutzen und Lasten) ein Grundstück mit einem Geschäftsgebäude, Baujahr 1989, umsatzsteuerfrei für 200.000,00 € in Rostock. Der nach den Vorschriften des BMF ermittelte Anteil des Grund und Bodens beträgt 36.000,00 €. Der Vorgang wurde bereits wie folgt gebucht:

0235 (0085) Grundstückswerte bebauter Grundstücke	200.000,00 €
an 1800 (1200) Bank	200.000,00 €

SKR 03	SKR 04		Soll	Haben
0085	0235	Grundstückswerte bebauter Grundstücke	200.000,00	
	an			
1200	1800	Bank		200.000,00

Am 30. Dezember 2024 erhielt der Mandant folgende Rechnungen, die weder bezahlt noch gebucht wurden:

Notargebühren für den Kaufvertrag	3.000,00 €	+ 19 % USt.
Grundbuchgebühren zur Eintragung der Eigentümerverhältnisse	500,00 €	
Grunderwerbsteuer	10.000,00 €	

Bilden Sie alle Buchungssätze, die 2024 vorgenommen werden müssen und nennen Sie jeweils die Höhe und die Auswirkung auf den Gewinn. Berechnungen sind mit anzugeben.

Sachverhalt zu den Aufgaben 96 und 97

Mitte Oktober 2024 hat Ihr Mandant für sein Unternehmen einen neuen Gabelstapler für 25.000,00 € zzgl. 19 % Umsatzsteuer Listenpreis abzüglich eines Winterrabatts von 10 % auf Ziel erworben.

Zudem gab er seinen alten Stapler für 2.500,00 € zzgl. Umsatzsteuer in Zahlung. Er bezahlte den Restbetrag Ende Oktober 2024 per Banküberweisung unter Abzug von 2 % Skonto (vom geminderten Listenpreis).

Der alte Gabelstapler hatte am 1. Januar 2024 einen Buchwert von 6.000,00 € und wurde linear mit jährlich 4.000,00 € abgeschrieben.

Der Mandant beauftragte eine Spedition mit dem Transport des neuen Gabelstaplers, die 300,00 € zzgl. Umsatzsteuer in Rechnung stellte, die sofort bar von dem Mandanten bezahlt wurden.

Der komplette Sachverhalt ist noch nicht erfasst. Der neue Gabelstapler hat eine Nutzungsdauer von neun Jahren und soll linear abgeschrieben werden.

Aufgabe 96

Ermitteln Sie die Anschaffungskosten des neuen Gabelstaplers und die Abschreibung für das Jahr 2024.

Aufgabe 97

Nehmen Sie alle erforderlichen Buchungen für 2024 vor. Berechnungen sind anzugeben.

Sachverhalt zu den Aufgaben 98–100

Im Juli 2024 ließ ihr Mandant in seiner eigenen Werkstatt eine Fertigungsmaschine für seinen eigenen Betrieb zusammenstellen. Die Fertigstellung erfolgte am 20. Juni 2024. Die betriebsgewöhnliche Nutzungsdauer der Anlage beträgt 4 Jahre. Nach den Unterlagen wurden für die Herstellung Bauteile im Gesamtwert von 6.000,00 € netto verwendet. An Lohneinzelkosten sind insgesamt 3.400,00 € angefallen. Der Materialgemeinkostenzuschlagssatz beträgt 30 %, während der Fertigungsgemeinkostenzuschlagssatz 80 % beträgt. Der Zuschlagssatz für die Verwaltungsgemeinkosten beträgt 20 %.

Aufgabe 98

Berechnen Sie die zu aktivierenden Herstellungskosten und nennen Sie die handelsrechtliche Rechtsgrundlage. Mögliche Nichtansätze sind zu begründen. Beachten Sie, dass der Gewinn so niedrig wie möglich sein soll.

Aufgabe 99

Buchen Sie die zu aktivierenden Herstellungskosten und nennen Sie die Höhe und die Auswirkung auf den Gewinn.

Aufgabe 100

Berechnen Sie die handelsrechtliche Abschreibung für das Jahr 2024.

3 Rechnungswesen – Jahresabschlüsse erstellen und auswerten (Lernfeld 10)

Sachverhalt zu den Aufgaben 101–103

Die vorläufige Bilanz Ihrer Mandantin, der Schall GmbH, weist zum 31. Dezember 2024 unter anderem folgende Zahlen auf:

	Soll	Haben
1210 (1410) Forderungen a. LL. darin enthalten: Ford. an ausländ. Unternehmen: 40.000,00 € Ford. an die Stadt Hamburg: 18.000,00 €	250.000,00 €	
1240 (1460) zweifelhafte Forderung: Hauser	13.920,00 €	5.800,00 €
1248 (0996) Pauschalwertberichtigung auf Forderungen: 31. Dez. 2023		6.200,00 €

Aufgabe 101

Im November 2024 gingen auf die zweifelhafte Forderung Hausers aus dem Jahr 2023 5.800,00 € ein. Einzelwertberichtigungen wurden nicht erfasst. Der Restbetrag ist endgültig verloren. Gebucht wurde bisher:

SKR 03	SKR 04		Soll	Haben
1200	1800	Bank	5.800,00 €	
	an			
1460	1240	Zweifelhafte Ford.		5.800,00 €

Nehmen Sie alle erforderlichen Buchungen vor und nennen Sie die Höhe und die Auswirkungen auf den Gewinn.

Aufgabe 102

Die einwandfreie Forderung gegenüber dem Kunden Luca Mertens in Höhe von 3.480,00 € gilt infolge des Wegfalls eines Großauftrages des Kunden Luca Mertens als unsicher.

Nach Auskunft des Herrn Mertens kann mit einem Zahlungseingang von 20 % gerechnet werden.

Nehmen Sie alle erforderlichen Buchungen vor und nennen Sie die Höhe und die Auswirkungen auf den Gewinn.

Aufgabe 103

Aufgrund betrieblicher Erfahrungswerte der vergangenen Jahre ist eine Pauschalwertberichtigung in Höhe von 3 % vorzunehmen.

Nehmen Sie alle Berechnungen und Buchungen per 31. Dezember 2024 vor und geben Sie die Höhe und die Auswirkungen auf den Gewinn an.

Aufgabe 104

Die Erstellung des Jahresabschlusses 2024 wird voraussichtlich 3.570,00 € brutto (19 % USt.) kosten.

Nehmen Sie alle erforderlichen Buchungen zum 31. Dezember 2024 vor und geben Sie die Höhe und die Auswirkungen auf den Gewinn an.

Aufgabe 105

Aus dem Kontoauszug des betrieblichen Bankkontos im Dezember ist zu sehen, dass am 28. Dezember die Miete für die von der Mandantin vermietete Lagerhalle in Höhe von 2.000,00 € eingegangen ist. Die Mandantin hat die von ihr nicht genutzte Lagerhalle an einen anderen Unternehmer für 1.000,00 € monatlich vermietet. Die Zahlung ist für die Monate Dezember 2024 und Januar 2025.

Nehmen Sie alle erforderlichen Buchungen vor. Geben Sie die Höhe und die Auswirkung auf den Gewinn an.

Aufgabe 106

Die Dachrinne des betrieblichen Gebäudes hat im Dezember 2024 bei einem Sturm Schaden genommen und muss repariert werden. Die Arbeiten konnten erst im Januar 2025 vorgenommen werden. Ihr Mandant erhielt einen Kostenvoranschlag über 4.250,00 € netto.

Nehmen Sie eine eventuelle Buchung zum Bilanzstichtag am 31. Dezember 2024 vor.

Nennen Sie außerdem die Auswirkung auf die Höhe des Gewinns sowie die steuerrechtliche und handelsrechtliche Rechtsgrundlage.

Aufgabe 107

Zur Finanzierung von Betriebs- und Geschäftsausstattung hat Ihre Mandantin am 30. November 2024 ein Darlehn in Höhe von 150.000,00 € aufgenommen, das am 30. November 2032 in einer Summe zurückzuzahlen ist.

Die Darlehnsbedingungen sind wie folgt vereinbart:

- Zinssatz: 3,5 % fest über die gesamte Laufzeit
- Auszahlungsbetrag bei der Darlehnsaufnahme: 98 %

Die Zinsen werden nachschüssig vierteljährlich, erstmals zum 28. Februar 2025, vom Bankkonto abgebucht. Es wurde bisher keine Buchung erfasst.

Bilden Sie alle Buchungssätze, die 2024 vorgenommen werden müssen und nennen Sie jeweils die Höhe und die Auswirkung auf den Gewinn.

Sachverhalt zu den Aufgaben 108–110

Ihr Mandant stellt Ihnen für 2024 folgende Unterlagen für die Sammelbewertung von Vorräten zum Bilanzstichtag zur Verfügung:

	Stück	Stückpreis
Anfangsbestand zum 01.01.2024	**600**	**0,80 €**
Zugang 20.01.2024	2.000	0,90 €
Zugang 20.04.2024	3.000	0,95 €
Zugang 03.08.2024	4.000	0,90 €
Zugang 20.10.2024	2.000	1,00 €
Zugang 10.11.2024	1.500	0,90 €
Zugang 20.12.2024	1.000	0,85 €

Am 31. Dezember 2024 betrug der Batteriepreis 0,95 €/Stück. Die Inventur wurde am 20. Januar 2025 durchgeführt und ergab einen Bestand von 1.650 Stück. In der Zeit vom 2. Januar 2025 bis 20. Januar 2025 wurden 250 Batterien verkauft.

Aufgabe 108

Berechnen Sie den mengen- und wertmäßigen Endbestand der Batterien zum 31. Dezember 2024 nach dem Durchschnittsverfahren.

Aufgabe 109

Berechnen Sie den wertmäßigen Endbestand der Batterien zum 31. Dezember 2024 nach dem Lifo-Verfahren.

Aufgabe 110

Für welches Verfahren sollte sich ihr Mandant entscheiden, wenn am 31. Dezember 2024 der Stückpreis 0,95 € beträgt? Begründen Sie Ihre Entscheidung. Der Gewinn soll so niedrig wie möglich sein.

Sachverhalt zu den Aufgaben 111–113

Am 20. August 2024 erwirbt Ihre Mandantin von einem Büroausstatter aus Hamburg eine neue Ladenkasse für 1.326,00 € zzgl. Umsatzsteuer. Sie bezahlt die Rechnung nach 10 Tagen unter Abzug von 2 % Skonto per Banküberweisung.

Aufgabe 111

Buchen Sie den gesamten Erwerbsvorgang chronologisch.

Aufgabe 112

Die geschätzte betriebsgewöhnliche Nutzungsdauer beträgt 5 Jahre; die amtliche durchschnittliche Nutzungsdauer lt. AfA-Tabelle beträgt 6 Jahre.

Ermitteln Sie in einer übersichtlichen Darstellung den handelsrechtlichen *Bilanzansatz der neuen Ladenkasse zum 31. Dezember 2024.*

Aufgabe 113

Ihre Mandantin hatte im Vorjahr zulässigerweise einen Investitionsabzugsbetrag in Höhe von 2.000,00 € gem. § 7g Abs. 1 EStG gebildet.

Ermitteln Sie in einer übersichtlichen Darstellung den steuerrechtlichen Wertansatz der neuen Ladenkasse zum 31. Dezember 2024. Berechnen Sie die eventuell notwendigen Gewinnkorrekturen und ihre Gewinnauswirkungen für das Wirtschaftsjahr 2024. Nehmen Sie außerdem alle erforderlichen Buchungen vor.

Aufgabe 114

Ihr Mandant bezahlt am 1. August 2024 den jährlichen Versicherungsbeitrag in Höhe von 1.200,00 € für das betriebliche Gebäude per Banküberweisung.

Nehmen Sie die erforderlichen Buchungen vor. Nennen Sie die Höhe und die Auswirkung auf den Gewinn.

Aufgabe 115

Das Grundstück, welches als betrieblicher Lagerplatz genutzt wird, hatte bei Anschaffung einen Wert von 100.000,00 € (entspricht Buchwert). Im abgelaufenen Jahr 2024 hat Ihre Mandantin ein Bodengutachten erstellen lassen.

Aus dem Gutachten geht hervor, dass eine Verunreinigung der unteren Bodenschicht mit Altlasten vorliegt, die allerdings unter dem oberen Grenzwert des zulässigen Richtwerts liegen. Die sich aus dem Gutachten ergebende Schätzung des Verkehrswertes des als Lagerplatz genutzten Grundstücks wird auf 90.000,00 € festgesetzt.

Nennen und begründen Sie unter Angabe der Paragrafen den Wertansatz des Grundstückes in der Handels- und Steuerbilanz. Buchen Sie zum 31. Dezember 2024 und nennen Sie die jeweilige Auswirkung auf den Gewinn.

Aufgabe 116

Es sind folgende Vorgänge für Ihren Mandanten zu buchen:

1. Das Finanzamt setzt einen Verspätungszuschlag für die verspätete Abgabe der Gewerbesteuererklärung 2022 in Höhe von 200,00,00 € fest, der vom betrieblichen Bankkonto abgebucht worden ist.
2. Für die Gewerbesteuer 2024 rechnet Ihr Mandant mit einem Gesamtbetrag in Höhe von 14.450,00 €. Er hat im Erhebungszeitraum 2024 Gewerbesteuervorauszahlungen in Höhe von 3.200,00 € je Quartal geleistet und korrekt gebucht.

Buchen Sie zum 31.12.2024.

Wie wirken sich die beiden Vorgänge auf den handelsrechtlichen und steuerrechtlichen Gewinn aus (Euro-Betrag, Begründung und einkommensteuerliche Paragrafenangabe)?

Aufgabe 117

Die Telefonrechnung für die betriebseigene Telefonanlage vom 10. Januar 2025 für den Monat Dezember 2024 ist noch nicht erfasst:

Gebühren für Zeitraum 01.12.–31.12.2024	360,00 €
+ Umsatzsteuer	68,40 €
Brutto	428,40 €

Der Bruttobetrag wird am 15. Januar 2025 vom Bankkonto abgebucht.

Der private Nutzungsanteil beträgt 10 %.

Buchen Sie zum 31. Dezember 2024.

Aufgabe 118

Die Telefonanlage (10 % Privatanteil) wurde vor 2 Jahren für den Betrieb angeschafft. Die jährliche AfA beträgt 680,00 € (Nutzungsdauer 5 Jahre).

Buchen Sie den jährlichen Privatanteil zum 31. Dezember 2024.

Sachverhalt zu den Aufgaben 119 und 120

Ihre Mandantin hat im November 2024 einen Kaufvertrag über die Lieferung von Waren, die von ihr im Juni 2025 herzustellen sind, mit einem Kunden abgeschlossen. Bei der Überprüfung ihrer Kalkulation stellt sie fest, dass bei diesem Geschäft sicher mit einem Verlust von 13.000,00 € zu rechnen ist.

Aufgabe 119

Buchen oder begründen Sie bei Nichtansatz die Behandlung dieses Sachverhalts zum 31. Dezember 2024 in der ***Handelsbilanz****.*

Aufgabe 120

Buchen oder begründen Sie bei Nichtansatz die Behandlung dieses Sachverhalts zum 31. Dezember 2025 in der ***Steuerbilanz****.*

Sachverhalt zu den Aufgaben 121–123

Für das Erstellen der Bilanz liegen Ihnen folgende Inventurwerte vor:

	Konto Warenbestand SKR 04 – 1140 SKR 03 – 3980
Anfangsbestand 01.01.2024	200.000,00 €
Inventurwert zum 31.12.2024	250.000,00 €
Beizulegender Wert/Teilwert zum 31.12.2024	230.000,00 €
Beizulegender Wert/Teilwert zum Zeitpunkt der Bilanzaufstellung im April 2025	240.000,00 €

Aufgabe 121

*Begründen Sie, ob es sich im vorliegenden Fall um eine Warenbestandsmehrung oder Warenbestandsminderung handelt. Nennen Sie den Wertansatz für die Waren in der **Handelsbilanz** und begründen Sie diesen unter Nennung der Rechtsgrundlage. Buchen Sie, falls notwendig, die Bestandsveränderung in der Handelsbilanz.*

Aufgabe 122

*Nennen Sie den Wertansatz für die Waren in der **Steuerbilanz** und begründen Sie diesen unter Nennung der Rechtsgrundlage. Buchen Sie, falls notwendig, die Bestandsveränderung in der Steuerbilanz.*

E

PRÜFUNGSBEREICH: WIRTSCHAFTS- UND SOZIALKUNDE

Für die allgemeinen Grundlagen beachten Sie bitte die Ausführungen zu der Zwischenprüfung.

1 Grundlagen des Handels- und Gesellschaftsrechts

Sachverhalt zu den Aufgaben 124–129

Tischlermeisterin Nora Tannen möchte nach erfolgreich abgeschlossener Meisterprüfung zusammen mit dem Gesellen Julian Baum einen eigenen Betrieb gründen. Sie wählen dafür die Rechtsform der OHG. Beide Gesellschafter bringen jeweils ein Kapital von 5.000,00 € ein.

Aufgabe 123

Kreuzen Sie an, welche Formvorschrift für den Abschluss des Gesellschaftsvertrages vorgeschrieben ist.

- Notarielle Beurkundung ☐
- Notarielle Beglaubigung ☐
- Schriftform ☐
- Textform ☐
- Formfreiheit ☐

Aufgabe 124

Entscheiden Sie durch Ankreuzen, ob und in welcher Höhe ein Mindestkapital für die Gründung der Gesellschaft erforderlich ist.

Ja, Mindestkapital in Höhe von 25.000,00 € erforderlich ☐

Ja, Mindestkapital in Höhe von 12.500,00 € erforderlich ☐

Ja, Mindestkapital in Höhe von 10.000,00 € erforderlich ☐

Nein, kein Mindestkapital erforderlich ☐

Aufgabe 125

Julian Baum kauft nach der Gründung der OHG Holzstämme von dem Holzhändler Maxim Kiefer. Nora Tannen ist damit nicht einverstanden.

Stellen Sie sowohl für das Innenverhältnis als auch das Außenverhältnis unter Angabe der Rechtsnormen dar, ob Julian Baum zum Abschluss des Kaufvertrages berechtigt war.

Aufgabe 126

Da die Rechnung in Höhe von 15.000,00 € aus der Holzlieferung noch nicht bezahlt ist, wendet sich der Lieferant an Nora Tannen mit der Forderung, die Rechnung zu bezahlen. Frau Tannen lehnt die Bezahlung ab, weil Julian Baum den Kaufvertrag abgeschlossen hat.

Begründen Sie unter Angabe der Rechtsgrundlage, ob Frau Tannen dazu berechtigt ist.

Aufgabe 127

Stellen Sie dar, ob Julian Baum auch zum Kauf des Holzes berechtigt wäre, wenn Nora Tannen und Julian Baum die Rechtsform einer Kommanditgesellschaft (KG) gewählt hätten, in der Herr Baum der Kommanditist ist.

Aufgabe 128

Am Ende des ersten Geschäftsjahres wurde ein Gewinn von 40.000,00 € festgestellt. Im Gesellschaftsvertrag ist geregelt, dass bei der Gewinnverteilung die Kapitalanteile der Gesellschafter mit 5 % zu verzinsen sind und der Restgewinn nach Köpfen zu verteilen ist.

Nehmen Sie in einer übersichtlichen tabellarischen Darstellung die Gewinnverteilung vor.

Sachverhalt zu den Aufgaben 130–139

Die Kaufleute Henning Speiche und Alexej Rad wollen gemeinsam einen Fahrradhandel betreiben. Um für die künftige Arbeit das Haftungsrisiko zu beschränken, beschließen sie die Gründung einer UG (haftungsbeschränkt).

Als Startkapital möchten sie einbringen:
einen gebrauchten Transporter im Wert von 10.000,00 €
Eigenkapital in Höhe von jeweils 7.500,00 €

Aufgabe 129

Sind die einzubringenden Vermögenswerte als Stammkapital rechtlich zulässig? Können diese Vermögenswerte zur Gründung der UG (haftungsbeschränkt) verwendet werden? Begründen Sie unter Angabe der gesetzlichen Grundlage.

Aufgabe 130

Alexej Rad und Henning Speiche beschließen, beide als Geschäftsführer der UG tätig zu werden. Sie möchten die Gesellschaft im vereinfachten Verfahren gründen und dafür das in der Anlage zum GmbHG bestimmte Musterprotokoll verwenden.

Ist das möglich? Begründen Sie unter Angabe der gesetzlichen Grundlage.

Aufgabe 131

In welcher Form muss der Gesellschaftsvertrag der UG (haftungsbeschränkt) abgeschlossen werden?

Aufgabe 132

Wann entsteht die UG (haftungsbeschränkt) als juristische Person?

Aufgabe 133

Begründen Sie, ob die Gesellschaft berechtigt und verpflichtet ist, eine Firma zu führen.

Aufgabe 134

Die Gesellschafter möchten gelegentlich Geld für private Zwecke vom Geschäftskonto abheben.

Geben Sie an, ob die Gesellschafter hierzu berechtigt sind.

Aufgabe 135

Nach Ablauf des ersten Geschäftsjahres der UG (haftungsbeschränkt) wurde ein Gewinn von 36.000,00 € festgestellt. Die Gesellschafter möchten den Gewinn in voller Höhe ausschütten.

Begründen Sie unter Angabe der gesetzlichen Grundlage, ob dies zulässig ist.

Aufgabe 136

Geben Sie an, wie der Jahresüberschuss der UG (haftungsbeschränkt) zu verteilen ist, wenn dazu im Gesellschaftsvertrag keine Vereinbarungen getroffen wurden.

Aufgabe 137

Ein Lieferant fordert die Bezahlung einer offenen Rechnung vom Gesellschafter Henning Speiche persönlich.

Begründen Sie, ob der Gesellschafter Speiche zahlen muss.

Aufgabe 138

Stellen Sie unter Angabe der Rechtsgrundlage dar, ob die Gesellschafter Alexej Rad und Henning Speiche mit der ursprünglichen Einlage von jeweils 7.500,00 € auch eine GmbH hätten gründen können.

Sachverhalt zu den Aufgaben 140–142

Helga Sonne möchte ein Reinigungsunternehmen in Lübeck gründen. Da sie ein neues Reinigungsverfahren zur Anwendung bringt, rechnet sie von Anfang an mit einem hohen Auftragseingang und rascher Kundengewinnung. Deshalb stellt sie gleich zu Anfang 10 Reinigungskräfte in Vollzeit und eine Bürokraft für Abrechnungen und Angebote ein.

Allerdings benötigt sie in der Gründungsphase zu verschiedenen Fragen der Firmierung eine Beratung.

Aufgabe 139

Erklären Sie, was unter dem Begriff „Firma" zu verstehen ist und nennen Sie die gesetzliche Grundlage.

Aufgabe 140

Benennen Sie die Firmenarten und geben Sie zwei Beispiele, wie die Firma lauten könnte.

Aufgabe 141

Unternehmerin Helga Sonne erfährt von Ihnen, dass im gleichen Ort bereits ein Reinigungsunternehmen besteht, dessen Inhaberin den gleichen Namen führt.

Welchen Grundsatz der Firmierung muss Unternehmerin Sonne bei der Wahl ihrer Firma in diesem Fall beachten? Begründen Sie unter Angabe der gesetzlichen Grundlage.

Sachverhalt zu den Aufgaben 143–146

Die Schrott GmbH benötigt für Investitionen in neue Recyclingverfahren Kapital. Benjamin Speck ist bereit, dieses Kapital als stiller Gesellschafter zur Verfügung zu stellen.

Aufgabe 142

Begründen Sie unter Angabe der Rechtsgrundlage, ob die Bereitstellung des Kapitals durch Benjamin Speck als stiller Gesellschafter möglich ist.

Aufgabe 143

Benjamin Speck möchte als stiller Gesellschafter zwar am Gewinn, nicht aber an Verlusten der GmbH beteiligt sein.

Geben Sie unter Nennung der gesetzlichen Grundlage an, ob dies möglich ist.

Aufgabe 144

Ist der stille Gesellschafter berechtigt, die Abschrift des Jahresabschlusses zu verlangen?

Begründen Sie Ihre Antwort unter Angabe der Rechtsgrundlage.

Aufgabe 145

Worin bzw. wodurch unterscheidet sich ein atypisch stiller Gesellschafter von einem typisch stillen Gesellschafter und welche steuerrechtliche Einkunftsart erzielt ein atypisch bzw. ein typisch stiller Gesellschafter?

Sachverhalt zu den Aufgaben 147–152

Die Geschäfte der Unternehmerin Amani Kleinert Bürotechnik e. Kffr. entwickeln sich gut. Um die Arbeit besser zu erledigen, möchte sie ihrem langjährigen Mitarbeiter Moritz Junghans Handlungsvollmacht erteilen.

Aufgabe 146

Geben Sie an, ob die Eintragung der Handlungsvollmacht im Handelsregister notwendig ist.

Aufgabe 147

Amani Kleinert möchte wissen, welche Arten von Handlungsvollmachten zu unterscheiden sind, oder ob es nur eine Art von Handlungsvollmacht gibt.

Erläutern Sie Frau Kleinert dieses.

Aufgabe 148

Geben Sie an, welche grundsätzlichen Befugnisse Moritz Junghans als Handlungsbevollmächtigter im Unternehmen hat. Nennen Sie die gesetzliche Grundlage.

Aufgabe 149

Entscheiden Sie durch Ankreuzen, ob Moritz Junghans zur Durchführung folgender Rechtshandlungen berechtigt ist. Herrn Junghans wurde eine allgemeine Handlungsvollmacht ohne darüber hinausgehende Befugnisse erteilt.

	Ja	Nein
Einstellung eines weiteren Mitarbeiters für den Verkauf		
Erteilung einer Artvollmacht an eine Mitarbeiterin zur Gewährung von Preisnachlässen bei Reklamationen		
Unterzeichnung der Bilanz in Abwesenheit von Frau Kleinert		
Vertragsabschluss mit einem Lieferanten über Schreibwarenartikel		
Aufnahme eines Darlehns für das Unternehmen		
Kauf eines Grundstücks für das Unternehmen		

Aufgabe 150

Amani Kleinert möchten den Umfang der Befugnisse von Moritz Junghans einschränken.

Erläutern Sie, ob dies im Innen- und Außenverhältnis möglich ist.

Aufgabe 151

Moritz Junghans ist sich unsicher, wie er Geschäftsbriefe unterschreiben soll. Kann er mit dem Zusatz „ppa." unterschreiben?

Beantworten Sie die Frage unter Angabe der Rechtsgrundlage.

Sachverhalt zu den Aufgaben 153–156

Nicole Hinrichs ist alleinige Gesellschafter-Geschäftsführerin der Hinrichs Handelswaren GmbH. Sie erteilte am 3. Februar 2025 dem Abteilungsleiter Einkauf, Hermann Heckel, Prokura. Herrn Heckel hatte sie bisher allgemeine Handlungsvollmacht erteilt. Es wurde vereinbart, dass Herr Heckel nicht berechtigt ist, Rechtsgeschäfte über 15.000,00 € abzuschließen. Die Prokura wurde am 28. Februar 2025 in das Handelsregister eingetragen.

Aufgabe 152

Geben Sie an, welche Befugnisse Herr Heckel als Prokurist hat. Nennen Sie dabei die Rechtsgrundlage.

Aufgabe 153

Begründen Sie, wann die Prokura von Herrn Heckel wirksam wurde.

Aufgabe 154

Muss die Prokura in das Handelsregister eingetragen werden? Wenn ja, welche Rechtswirkung hat die Eintragung?

Aufgabe 155

Am 5. Februar 2025 bestellte Herr Heckel bei einem Lieferanten Waren im Wert von 20.000,00 €.

Ist der Kaufvertrag für die Hinrichs Handelswaren GmbH rechtswirksam abgeschlossen worden? Begründen Sie unter Angabe der gesetzlichen Grundlage.

Sachverhalt zu den Aufgaben 157–159

Aufgrund mehrerer Unregelmäßigkeiten entzieht Geschäftsführerin Nicole Hinrichs Herrn Heckel am 9. Juni 2025 die Prokura. Der Widerruf wird am 30. Juni 2025 im Handelsregister eingetragen und bekannt gemacht. Allerdings schließt Herr Heckel dennoch am 5. Juni 2025 mit einem Lieferanten einen Kaufvertrag über Handelswaren im Wert von 5.000,00 € ab.

Aufgabe 156

Begründen Sie unter Angabe der Rechtsgrundlage, ob Herr Heckel zum Abschluss des Kaufvertrages berechtigt war.

Aufgabe 157

Ist Frau Hinrichs als Geschäftsführerin zur Zahlung des Kaufpreises verpflichtet? Begründen Sie unter Angabe der Rechtsgrundlage.

Aufgabe 158

Welche weiteren Gründe können zum Erlöschen der Prokura führen? Nennen Sie zwei Beispiele.

Aufgabe 159

Kreuzen Sie an, um welche Rechtform es sich in den folgenden Fällen handelt:

a) Ulf Töller beabsichtigt die Eröffnung eines Camping-Versandhandels. Mit einem angesparten Kapital von 20.000,00 € richtet er sein Geschäft ein. Er haftet mit seinem Geschäfts- und Privatvermögen und trifft alle Entscheidungen allein.

Einzelunternehmen ☐

Kommanditgesellschaft ☐

Offene Handelsgesellschaft ☐

Kapitalgesellschaft ☐

Partnerschaftsgesellschaft ☐

b) Maurice Volt und Xenia Amper betreiben zehn Elektrofachmärkte. Herr Volt haftet mit seinem Geschäfts- und Privatvermögen. Frau Amper haftet nur mit ihrer geleisteten Einlage.

Einzelunternehmen ☐

Kommanditgesellschaft ☐

Offene Handelsgesellschaft ☐

Kapitalgesellschaft ☐

Partnerschaftsgesellschaft ☐

c) Die Rechtsanwälte Florian Fuchs und Philip Rabe haben sich für die gemeinsame Berufsausübung zu einer Gesellschaft zusammengeschlossen. Der Gesellschaftsvertrag bedurfte der Schriftform. Die Gesellschaft trägt den Namen „Fuchs & Partner Rechtsanwälte“.

Einzelunternehmen ☐

Kommanditgesellschaft ☐

Offene Handelsgesellschaft ☐

Kapitalgesellschaft ☐

Partnerschaftsgesellschaft ☐

d) Felix Simmel, Nadine Rappe und Sascha Falbe betreiben eine Gesellschaft für den Import und Export von Handelswaren. Die drei Gesellschafter haften nicht persönlich.

Einzelunternehmen ☐

Kommanditgesellschaft ☐

Offene Handelsgesellschaft ☐

Kapitalgesellschaft ☐

Partnerschaftsgesellschaft ☐

e) Julia Sonne und Marcel Schein vereinbaren die Gründung eines Fitnessstudios und lassen sich ins Handelsregister eintragen. Frau Sonne übernimmt die Verwaltungsarbeiten, Herr Schein den Verkauf. Beide sind bereit, auch mit ihrem Privatvermögen zu haften.

Einzelunternehmen	☐
Kommanditgesellschaft	☐
Offene Handelsgesellschaft	☐
Kapitalgesellschaft	☐
Partnerschaftsgesellschaft	☐

Aufgabe 160

Das Handelsregister ist ein öffentliches Verzeichnis, das bestimmte Tatsachen über Kaufleute innerhalb des Registerbezirkes aufzeichnet.

Bitte beantworten Sie die folgenden Fragen zum Handelsregister mit Angabe der jeweiligen gesetzlichen Grundlage.

a) Wo wird das Handelsregister geführt?
b) In welcher Form muss eine Anmeldung zur Eintragung in das Handelsregister erfolgen?
c) Wer kann Einsicht in das Handelsregister nehmen?
d) Nennen Sie drei eintragungspflichtige Tatsachen. (keine Paragrafenangabe erforderlich)

Aufgabe 161

Geben Sie für folgende Sachverhalte an, ob eine Eintragung in das Handelsregister verpflichtend ist und begründen Sie. Nennen Sie im Falle der Eintragung die jeweilige Rechtswirkung.

a) Dalia Mounir ist Inhaberin einer großen Textilreinigung/ Wäscherei. Sie beschäftigt 30 Mitarbeiterinnen und Mitarbeiter und erwirtschaftet einen jährlichen Umsatz von 1,5 Mio. €.
b) Die Planung AG und die Hoch-/Tiefbau GmbH gründen eine Arbeitsgemeinschaft mit dem Ziel, einen Universitätsneubau zu errichten. Beurteilen Sie die Arbeitsgemeinschaft.
c) Kommanditist Fabian Pfennig vereinbart mit der Schilling KG, die Erhöhung seiner Einlage von 25.000,00 € auf 50.000,00 €.
d) Die Schilling KG, vertreten durch die Komplementärin Ina Mar, erteilt dem langjährigen Mitarbeiter Hans Hansen Prokura.
e) Die Schilling KG, vertreten durch die Komplementärin Ina Mar, erteilt der langjährigen Mitarbeiterin Hanna Paulsen allgemeine Handlungsvollmacht.

f) Dagmar Gerken ist Rentnerin und betreibt einen kleinen Kiosk, der keinen in kaufmännischer Weise eingerichteten Geschäftsbetrieb erfordert. Um bessere Lieferkonditionen zu haben, lässt sie sich in das Handelsregister eintragen.

2 Investition und Finanzierung

Bei den folgenden Aufgaben geht es um die Prüfungsthemen Finanzierungsarten, Abgrenzung von Krediten, Kreditsicherheiten, Rentabilitätsberechnung.

Aufgabe 162

Erläutern Sie anhand der Kriterien Zinsen, Tilgung und Gesamtbelastung die Unterschiede bei den folgenden Darlehnsarten:

a) Raten- oder Abzahlungsdarlehn
b) Annuitätendarlehn
c) Fälligkeitsdarlehn

Aufgabe 163

Erläutern Sie die Begriffe „Investition" und „Finanzierung" bezogen auf die Bilanz.

Aufgabe 164

Für ein Unternehmen gibt es unterschiedliche Finanzierungarten.

Erläutern Sie die folgenden Finanzierungsarten und geben Sie jeweils ein Beispiel.

a) Beteiligungsfinanzierung
a) Fremdfinanzierung
b) Innenfinanzierung
c) Außenfinanzierung

Sachverhalt zu den Aufgaben 166–170

Für Investitionen benötigt der Unternehmer Oliver Toller einen Kredit in Höhe von 100.000,00 €. Seine Hausbank ist bereit, sich gegen Sicherheiten für den Kredit entsprechend zu engagieren. Entsprechend der Bilanzpositionen werden unterschiedliche Sicherungsmöglichkeiten erörtert.

Aufgabe 165

Die Bilanzposition „Grundstücke und Gebäude“ weist zum 31. Dezember 20.. einen Wert von 1.000.000,00 € aus.

a) Welche Sicherungsmittel kommen in Betracht, wenn „Grundstücke und Gebäude“ als Sicherungsmittel dienen?
b) Wo genau werden diese Sicherungsmittel gegebenenfalls eingetragen?
c) Erläutern Sie die beiden Sicherungsmittel und zeigen Sie die Unterschiede auf.
d) Die Bank akzeptiert die Position „Grundstücke und Gebäude“ der GmbH mit 80 % des in der Bilanz ausgewiesenen Wertes. Reichen diese Sicherheiten aus, um den Kredit vollständig abzusichern? Ermitteln Sie hierbei den maximalen Sicherheitsbetrag.

Aufgabe 166

Es wird auch darüber gesprochen die Bilanzpositionen Maschinen sowie Fuhrpark zur Sicherung des Kredites einzusetzen.

a) Benennen Sie das Sicherungsmittel, welches in Betracht kommt, wenn diese Bilanzpositionen zur Sicherung des Kredites eingesetzt werden.
b) Wie sind die Rechtsverhältnisse in Bezug auf Eigentum und Besitz an den Produktionsmaschinen, wenn z. B. die Bilanzposition „Maschinen“ zur Sicherung des Kredites eingesetzt wird?

Aufgabe 167

In der Bilanz zum 31. Dezember 20.. werden auch Forderungen in Höhe von 150.000,00 € ausgewiesen.

a) Stellen Sie dar, ob und wie auch Forderungen eventuell zur Sicherung des Kredites eingesetzt werden können.
b) Oliver Toller möchte nicht, dass seine Kunden etwas davon erfahren, dass Forderungen zur Sicherung des Kredites eingesetzt werden. Ist dies möglich? Wenn ja, wie nennt man diese Kreditsicherung genau?
c) Von welcher Kreditsicherung ist zu sprechen, wenn die Bank darauf besteht, dass die Kunden von der Kreditsicherung informiert werden, und welche Konsequenzen ergeben sich für die Kunden als Drittschuldner daraus?

Aufgabe 168

Oliver Toller hat noch wertvollen Familienschmuck von einer Erbtante bekommen.

a) In welcher Form könnte dieser Schmuck zur Sicherung des Kredites eingesetzt werden?
b) Stellen Sie die Rechtsverhältnisse in Bezug auf Eigentum und Besitz dar, wenn der Schmuck zur Sicherung des Kredites eingesetzt wird.

Aufgabe 169

Oliver Toller hat noch einen Großonkel in Amerika. Dieser ist Millionär. Die Bank wäre bereit, den Kredit auszureichen, wenn der Onkel für den von Herr Toller aufgenommenen Kredit einstehen würde.

a) Um welche Möglichkeit der Kreditsicherung handelt es sich hierbei.
b) Welche Art von Rechtsgeschäft liegt bei diesem Sicherungsmittel vor? Kreuzen Sie an:

Bei diesem Sicherungsmittel handelt es sich um ein ...

... einseitiges empfangsbedürftiges Rechtsgeschäft. ☐

... einseitiges nicht empfangsbedürftiges Rechtsgeschäft. ☐

... zweiseitiges, beidseitig verpflichtendes Rechtsgeschäft. ☐

... zweiseitiges, einseitig verpflichtendes Rechtsgeschäft. ☐

c) Geben Sie unter Nennung der Rechtsgrundlage an, welche Form für dieses Sicherungsmittel eingehalten werden muss, wenn der Großonkel von Herrn Toller Kaufmann ist und beide in einer Geschäftsbeziehung stehen.
d) Die Bank möchte unmittelbar auf den Großonkel zurückgreifen, wenn Herr Toller seinen Zahlungsverpflichtungen nicht nachkommt. Ist dieses möglich und wenn ja, wie nennt man dieses Sicherungsmittel genau?

Sachverhalt zu den Aufgaben 171–175

Die Fahrzeugrahmen GmbH möchte ihre Produktionslinie erweitern. Der Maschinenbauer macht den Vorschlag, die Produktionslinie zu leasen. Der Geschäftsführer der Fahrzeugrahmen GmbH hat bisher noch keine Wirtschaftsgüter geleast und wünscht von Ihnen Erläuterungen zu den folgenden Fragen.

Aufgabe 170

Definieren Sie den Begriff „Leasing".

Aufgabe 171

Welche Formen des Leasings nach der Stellung des Leasinggebers gibt es? Erläutern Sie diese.

Aufgabe 172

Erläutern Sie zwei Optionen der Vertragsgestaltung beim Leasinggeschäft.

Aufgabe 173

Nennen Sie Vorteile und Nachteile, die für oder gegen den Abschluss eines Leasingvertrages sprechen.

Aufgabe 174

Außerdem steht das Leasing einer Produktionsmaschine mit einer Nutzungsdauer von 10 Jahren zur Diskussion. Die feste Grundmietzeit soll zwei Jahre betragen bei einer relative hohen Leasingrate.

Geben Sie dem Geschäftsführer der Fahrzeugrahmen GmbH Auskunft darüber, wem das geleaste Wirtschaftsgut bilanziell zuzuordnen ist.

Sachverhalt zu den Aufgaben 176 und 177

Unternehmer Dominik Möller hat einen hohen Bestand an Forderungen. Um seine Lieferanten bezahlen zu können, benötigt er dringen liquide Mittel. Er überlegt daher, ob er das sogenannte Factoring nutzen sollte.

Aufgabe 175

Erläutern Sie den Begriff „Factoring".

Aufgabe 176

Nennen Sie Vor- und Nachteile der Factoringfinanzierung für den Finanzierungsnehmer.

F

LÖSUNGEN

A Arbeitsabläufe organisieren – LÖSUNGEN

Aufg. 1	Zur geschäftsmäßigen Hilfeleistung in Steuersachen sind nur die im Steuerberatungsgesetz benannten Personen befugt. Dabei ist zwischen der unbeschränkten Befugnis insbesondere gem. § 3 StBerG und der beschränkten Befugnis insbesondere gem. § 4 StBerG zu differenzieren. Unbeschränkt befugt zur Hilfeleistung in Steuersachen sind z. B. Steuerberater und Steuerberaterinnen oder Rechtsanwälte und Rechtsanwältinnen; beschränkt befugt sind z. B. Lohnsteuerhilfevereine.
Aufg. 2	Nein, Machmut Demirci ist als Steuerfachangestellter nicht zur Hilfeleistung in Steuersachen befugt.
Aufg. 3	Ja, Machmut Demirci darf gem. § 6 Nr. 2 StBerG seinen Eltern und Geschwistern als nahen Angehörigen Hilfe in Steuersachen leisten.
Aufg. 4	Nein, Machmut Demirci darf seinem besten Freund Luka Begić keine Hilfe in Steuersachen leisten, da Luka als Freund kein naher Angehöriger im Sinne des § 15 AO ist.
Aufg. 5	Ein Steuerberater bzw. eine Steuerberaterin hat gem. § 57 StBerG ihren Beruf unabhängig, eigenverantwortlich, gewissenhaft, verschwiegen und unter Verzicht auf berufswidrige Werbung auszuüben.
Aufg. 6	Die Verschwiegenheitspflicht ist in folgenden Rechtsgrundlagen bestimmt: Steuerberatungsgesetz (StBerG) (§§ 57 Abs. 1 und 62 StBerG), Berufsordnung der Steuerberater und Steuerbevollmächtigten (§ 5 BOStB) und im Strafgesetzbuch (§ 203 StGB).
Aufg. 7	Die Verschwiegenheitspflicht bezieht sich auf alles, was in Ausübung des Berufs bekannt geworden ist. Sie gilt nicht für Tatsachen, die offenkundig sind oder ihrer Bedeutung nach keiner Geheimhaltung bedürfen (§ 57 Abs. 1 S. 2 StBerG).

Aufg. 8

Ja, wer unbefugt ein fremdes Geheimnis, z. B. ein zum persönlichen Lebensbereich gehörendes Geheimnis oder ein Betriebs- oder Geschäftsgeheimnis, offenbart, das ihr/ihm als vereidigter Buchprüfer/-in, Steuerberater/-in oder Steuerbevollmächtigter anvertraut oder sonst bekannt gegeben worden ist, wird mit Freiheitsstrafe bis zu einem Jahr oder Geldstrafe bestraft (§ 203 Abs. 1 StGB). Das Gleiche gilt für Mitarbeiter und Mitarbeiterinnen, sofern sie gegen die Verschwiegenheitsverpflichtung verstoßen (§ 203 Abs. 4 S. 1 StGB).

Aufg. 9

Um insbesondere die Pflicht zur Verschwiegenheit nicht zu verletzen und aus Gründen des Datenschutzes halte ich zuerst eine Rücksprache mit der Mandantin Frau Schmidtke, ob sie der Weitergabe der Bilanzen zustimmt. Dieses lasse ich mir von ihr bestätigen. Erst nach ihrer Zustimmung werde ich die Bilanzen verschlüsselt an den Mitarbeiter der Bank übersenden.

Aufg. 10

	Aufbewahrungspflicht (ja/nein)	**Jahre**
Kassenberichte	ja	10
Kontoauszüge der Bankkonten	ja	10
Kassenzettel (Buchungsunterlagen)	ja	10
Werbeprospekte	nein	0
Eingangsrechnungen	ja	10
Jahresabschlüsse	ja	10
Kopien der Ausgangsrechnungen	ja	10
Geschäftsbriefe	ja	6
Lieferscheine	ja	6

Achtung: Diese Fristen werden sich zum 1. Januar 2025 aufgrund des vierten Bürokratieentlastungsgesetzes für Buchungsunterlagen von 10 auf 8 Jahre verkürzen.

Beginn der Aufbewahrungspflicht: mit Ablauf des Jahres der Fertigstellung, also mit Ablauf 31. Dezember 2025

Dauer: 10 Jahre

Ende der Aufbewahrungspflicht: mit Ablauf 31. Dezember 2035

Aufg. 11

Aufgabe zur Post	5. Juni 2024
+ 3 Tage (§ 122 Abs. 2 AO)	
	8. Juni 2024
Samstag (§ 108 Abs. 3 AO)	
Bekanntgabe	10. Juni 2024
Fristbeginn	11. Juni 2024 00:00 Uhr
Fristdauer (§ 355 AO)	1 Monat
Fristende	10. Juli 2024

Aufg. 12

Unter dualer Berufsausbildung ist die Ausbildung für einen Beruf an zwei gleichberechtigten, miteinander kooperierenden Lernorten, nämlich dem Betrieb und der berufsbildenden Schule, zu verstehen.

Aufg. 13

Zu den Pflichten der Auszubildenden gehören u. a. aufgetragene Aufgaben sogfältig auszuführen, schriftliche oder elektronische Ausbildungsnachweise zu führen, an Ausbildungsmaßnahmen teilzunehmen ... (Siehe § 17 BBiG.)

Aufg. 14

Zu den Pflichten der Ausbildenden gehört u. a. dafür zu sorgen, dass den Auszubildenden die berufliche Handlungskompetenz vermittelt wird, sie zum Besuch der Berufsschule anzuhalten, die Zahlung einer angemessenen Ausbildungsvergütung, ein Zeugnis zu erteilen ... (Siehe §§ 14–17 BBiG.)

Aufg. 15

Annahmen	Richtig	Falsch
Die Probezeit im Ausbildungsvertrag muss mindestens einen Monat und darf höchstens fünf Monate betragen.	×	
Die Ausbildungsvergütung muss sich jährlich erhöhen.	×	
Die wesentlichen Inhalte des Ausbildungsvertrages müssen schriftlich abgeschlossen werden.	×	
Die Eltern als gesetzliche Vertreter haben grundsätzlich den Ausbildungsvertrag mit zu unterschreiben. So auch bei Melanie.		×
Da Auszubildende keine Arbeitnehmer sind und nicht arbeiten, sondern lernen sollen, haben sie auch keinen Anspruch auf Urlaub.		×

	<table><tr><th>Annahmen</th><th>Richtig</th><th>Falsch</th></tr><tr><td>Der Ausbilder bzw. die Ausbilderin muss die vertragliche Ausbildungszeit bei Abiturienten auf 2,5 Jahre verkürzen.</td><td></td><td>×</td></tr><tr><td>Bestehen Auszubildende die Abschlussprüfung nicht, so können sie eine Verlängerung des Ausbildungsverhältnisses verlangen.</td><td>×</td><td></td></tr></table>
Aufg. 16	Ja, die Regelung ist rechtmäßig. Melanie Diallo ist über 18 Jahre alt. Gemäß § 3 Abs. 1 BurlG hat sie einen Anspruch auf 24 Werktage Urlaub im Jahr. Die 24 Werktage werden wie folgt auf Arbeitstage umgerechnet: $24 : 6 \cdot 5 = 20$
Aufg. 17	Ja, Melanie Diallo kann das Ausbildungsverhältnis ordentlich fristgemäß Kündigen gem. § 22 Abs. 2 Nr. 2 BBiG, da sie sich für einen anderen Beruf ausbilden lassen will. Die Kündigung muss gem. § 22 Abs. 3 BBiG schriftlich unter Angabe des Kündigungsgrundes erfolgen.
Aufg. 18	Als Pflichten des Arbeitgebers aus dem Arbeitsverhältnis sind u. a. zu nennen: → Zeugnispflicht (§ 630 BGB) → Fürsorgepflicht (§§ 618 ff. BGB) → Gewährung von Urlaub (§ 1 BUrlG) → Vergütung (§ 611 BGB)
Aufg. 19	Die Kündigung ist vier Wochen zum 15. oder Ende eines Kalendermonats gem. § 622 Abs. 1 BGB möglich; hier damit zum 15. Oktober 2025.
Aufg. 20	Die Mutterschutzfristen sind sechs Wochen vor der Geburt und acht Wochen nach der Geburt. Der Mutterschutz beginnt für Frau Heiter am 11. Februar 2026 und endet am 19. Mai 2026.
Aufg. 21	Ja, dies ist gem. § 3 Abs. 1 MuSchG möglich. Es besteht ein relatives Beschäftigungsverbot; die werdende Mutter darf sich zur Arbeitsleistung ausdrücklich bereit erklären.

Aufg. 22

Beispiel	Zweig der Sozialversicherung
a) Jannis Meyer stürzt bei der Arbeit eine Treppe hinunter und muss im Krankenhaus behandelt werden.	Unfallversicherung
b) Ina da Solo ist sehr sportlich. Beim Skifahren im Urlaub stürzt sie und muss im Krankenhaus behandelt werden.	Krankenversicherung
c) Aufgrund einer sehr schlechten Auftragslage wird den Arbeitnehmern Kurzarbeitergeld gezahlt.	Arbeitslosenversicherung
d) Rehaaufenthalt des langzeiterkrankten Arbeitnehmers zum beruflichen Wiedereinstieg	Rentenversicherung

Aufg. 23

a) Der Kegelclub „Gut Holz e. V." kann Erbe sein, da er als Rechtssubjekt auch rechtsfähig ist.
b) Der Mischlingshund Dolly kann nicht Erbe sein, da er als Rechtsobjekt nicht rechtsfähig ist und damit nicht Träger von Rechten und Pflichten sein kann.

Aufg. 24

a) Mit der Vollendung der Geburt ist Alexander gem. § 1 BGB rechtsfähig.
b) Alexander wird nicht geschäftsfähig sein.
c) Rechtsfähigkeit und Geschäftsfähigkeit unterscheiden sich wie folgt:

Rechtsfähigkeit ist die Fähigkeit, Träger von Rechten und Pflichten zu sein.

Geschäftsfähigkeit ist die Fähigkeit, durch eigene Handlungen/Willenserklärungen wirksam Verträge zu schließen bzw. Rechtsgeschäfte zu begründen und zu gestalten.

Aufg. 25

a) einseitig empfangsbedürftig
b) einseitig nicht empfangsbedürftig
c) einseitig nicht empfangsbedürftig

	d) gegenseitig, einseitig verpflichtend e) gegenseitig, einseitig verpflichtend f) gegenseitig und gegenseitig verpflichtend
Aufg. 26	a) Leihe (§ 598 BGB) b) Sachdarlehn (§ 607 BGB) c) Schenkung (§ 516 BGB) d) Arbeits- oder Dienstvertrag (§§ 611a, 611 BGB) e) Werkvertrag (§ 631 BGB) f) Pacht (§ 581 BGB)
Aufg. 27	Helga Sobowski ist Eigentümerin der Skiausrüstung, da sie die rechtliche Herrschaft über die Ausrüstung hat (§ 903 BGB). Antje Deiters ist Besitzerin, da sie die tatsächliche Herrschaft über die Sache hat (§ 854 BGB).
Aufg. 28	Antje Deiters erwirbt durch die Einigung in dem Telefonat mit Helga Sobowski das Eigentum gem. § 929 S. 2 BGB, da Antje bereits im Besitz der Sache/Skiausrüstung ist.
Aufg. 29	Frederike Ehret erwirbt, da sie gutgläubig ist gem. § 932 BGB das Eigentum an der Skiausrüstung von der Nichtberechtigten Antje Deiters. Helga Sobowski verliert ihr Eigentum an der Skiausrüstung.
Aufg. 30	§ 935 BGB sperrt den gutgläubigen Erwerb an gestohlenen oder abhandengekommenen Sachen. Helga Sobowski bleibt Eigentümerin der Skiausrüstung. **Hinweis**: Beachte aber die Ausnahmen des § 935 Abs. 2 BGB in Bezug auf Geld, Inhaberschuldpapieren und den Erwerb im Rahmen einer öffentlichen Versteigerung.
Aufg. 31	Das Verpflichtungsgeschäft meint die Verpflichtungen der Vertragsparteien aufgrund des abgeschlossenen Vertrages; also die schuldrechtlichen Verpflichtungen aus dem 2. Buch „Schuldrecht" des BGB. Als Beispiel sind die Verpflichtungen des Verkäufers gem. § 433 Abs. 1 BGB zu nennen. Das Verfügungsgeschäft meint die sachenrechtliche Verfügung über eine Sache. Das Sachenrecht ist im 3. Buch des BGB geregelt. Als Beispiel ist hier die rechtsgeschäftliche Übereignung einer beweglichen Sache durch Einigung und Übergabe gem. § 929 S. 1 BGB zu nennen.
Aufg. 32	Mia Deutzner kann nicht die Lieferung der Farbe zu 25,00 € je 10 Liter verlangen. Das Angebot per Telefon gilt gem. § 147 BGB als ein Antrag unter Anwesenden. Dieser kann

	nur sofort angenommen werden. Frau Deutzner hat das Angebot nicht sofort während des Telefonats angenommen, sondern erst am nächsten Tag erneut angerufen. Bei dem erneuten Anruf/Telefonat war das bisherige Angebot aber erloschen.
Aufg. 33	Mia Deutzner hat das Angebot der Lacke und Farben GmbH abgeändert. Die Änderung eines Angebotes gilt gem. § 150 BGB als ein neues Angebot. Ein Vertrag ist erst zustande gekommen, wenn die Lacke und Farben GmbH dieses erneute Angebot ihrerseits angenommen hat. Erst dann kann Frau Deutzner die Lieferung zu 20,00 € je 10 Liter verlangen.
Aufg. 34	Es ist kein Kaufvertrag über die Schokolade zustande gekommen. Fatma Aksoy ist fünf Jahre alt. Sie ist damit gem. § 104 BGB geschäftsunfähig. Ihre Willenserklärungen sind damit gem. § 105 BGB nichtig.
Aufg. 35	Es ist kein Schenkungsvertrag zwischen Sophie Almasy und ihrem Enkel Theo zustande gekommen. Theo ist sechs Jahre alt und damit gem. § 104 BGB nicht geschäftsfähig. Seine Willenserklärungen sind damit gem. § 105 BGB nichtig.
Aufg. 36	Theo ist acht Jahre alt. Er ist damit gem. § 106 BGB beschränkt geschäftsfähig. Für die Wirksamkeit seiner Willenserklärungen bedarf er gem. § 107 BGB der Zustimmung seiner Eltern, soweit er durch die Willenserklärung nicht lediglich einen rechtlichen Vorteil erlangt. Durch die Annahme der Schenkung des Fahrrades erlangt Theo lediglich rechtliche Vorteile. Es ist damit ein Schenkungsvertrag zustande gekommen.
Aufg. 37	Liegt ein Nichtigkeitsgrund vor, so ist ein Rechtsgeschäft von Anfang an unwirksam/nichtig. Ist ein Rechtsgeschäft aufgrund eines Anfechtungsgrundes anfechtbar, so ist das Rechtsgeschäft zunächst wirksam und wird dann durch die Anfechtung rückwirkend unwirksam (siehe § 142 BGB). a) Das Rechtsgeschäft/der Kaufvertrag über die Partybox ist schwebend unwirksam. Cindy Reger ist 15 Jahre alt und damit beschränkt geschäftsfähig. Da sie die Leistung nicht vollständig aus ihr frei zur Verfügung stehenden Mitteln gem. § 110 BGB bewirkt, ist diese Ausnahme von dem Zustimmungserfordernis der gesetzlichen Vertreter (Eltern) nicht anwendbar. Das Rechtsgeschäft bedarf für seine Wirksamkeit der Zustimmung der gesetzlichen Vertreter gem. § 107 BGB.

	b) Der Vertrag zwischen Heiner Posipal und dem Bäcker gilt als wirksam gem. § 105a BGB. c) Das Rechtsgeschäft ist gem. § 119 BGB wegen Irrtums anfechtbar. d) Das Rechtsgeschäft ist wegen Wucher gem. § 138 BGB nichtig. e) Das Rechtsgeschäft ist wirksam. Eine Anfechtung liegt nicht vor, da kein Anfechtungsgrund gegeben ist. Tommy Jäger hat bewusst und gewollt eine Katze gekauft. Sein Motiv, warum er die Katze kaufen wollte, ist unbeachtlich. Es handelt sich um einen unbeachtlichen Motivirrtum.
Aufg. 38	Gemäß § 286 BGB liegt Schuldnerverzug bei einer schuldhaften Nichtleistung trotz Fälligkeit und Mahnung vor. Die Mahnung kann unter den Voraussetzungen des § 286 Abs. 2 BGB entbehrlich sein. Bei Entgeltforderungen ist die Regelung des § 286 Abs. 3 BGB (sogenannte 30 Tage-Regel) zu beachten.
Aufg. 39	a) Fa. Özgür e. K. (Hamburg): Ja, Zahlungsverzug 30 Tage nach Fälligkeit und Rechnungszugang sind überschritten. b) Stolze GmbH (München): Ja, Zahlungsverzug. Die vertragliche Regelung von 14 Tagen ist überschritten, da die Leistungszeit kalendermäßig bestimmt ist. c) Abel & Böge OHG (Kiel): Nein, kein Zahlungsverzug. Der Zeitraum der 30-Tage-Regelung ist noch nicht abgelaufen. Die Vereinbarung „Zahlung sofort" bestimmt die Fälligkeit nicht hinreichend genau, sodass die Regelung des § 286 Abs. 3 BGB anzuwenden ist. d) Klein KG (Rostock): Kein Verzug, da die 7-Tage-Regelung nur die Skontoziehung betrifft. Für den Verzug gilt die 30-Tage-Regelung des § 286 Abs. 3 BGB. e) Groß KG (Offenbach): Es liegt ein Verzug gem. § 286 Abs. 3 S. 2 BGB vor. Die 30 Tage nach Warenzugang sind abgelaufen.

Aufg. 40	Gläubigerverzug liegt gem. § 293 BGB vor, wenn der Gläubiger die ihm angebotene Leistung nicht annimmt. Das heißt, Gläubigerverzug liegt vor bei Nichtannahme, obwohl die zu erbringende Leistung vom Schuldner zur rechten Zeit am rechten Ort in der rechten Art und Weise angeboten wird. Auf ein Verschulden des Gläubigers für die Nichtannahme kommt es nicht an. Der Annahmeverzug führt bei dem Schuldner zu einer Haftungserleichterung. Er hat gem. § 300 BGB nur noch Vorsatz und grobe Fahrlässigkeit zu vertreten. Ebenfalls kann der Schuldner gem. § 304 BGB im Falle des Gläubigerverzuges den Ersatz von Mehraufwendungen verlangen.
Aufg. 41	Ja, Malik Cakir hat die Kosten für die erneute Anlieferung zu tragen, da er sich im Annahmeverzug befindet. Die Pflastersteine wurden von dem Baustoffhändler zur rechten Zeit an den rechten Ort geliefert.
Aufg. 42	Die Verjährung beginnt grundsätzlich gem. § 199 BGB mit Ablauf des Jahres, in dem der Anspruch entstanden ist. Sie dauert in der Regel gem. § 195 BGB drei Jahre.
Aufg. 43	Gemäß § 214 BGB hat der Schuldner ein Leistungsverweigerungsrecht. Der Anspruch besteht aber fort. Denn der Schuldner bekommt auch das in Unkenntnis der Verjährung Geleistete nicht zurückerstattet. Anders verhält es sich im Steuerrecht. Mit Eintritt der Festsetzungsverjährung erlischt gem. § 47 AO der Steueranspruch.
Aufg. 44	Beginn der Verjährungsfrist mit Ablauf des 31. Dezember 2025 bzw. 01.01.2026 um 00:00 Uhr Neubeginn der Verjährungsfrist durch Stundungsbitte am: 31.01.2026 um 00:00 Uhr Dauer der Verjährung gem. § 195 BGB: drei Jahre Ende der Verjährung grundsätzlich mit Ablauf des: 30.01.2029 Aber aufgrund der gewährten Stundung Hemmungsdauer: + 2 Monate Ende der Verjährung mit Ablauf des: 30.03.2029

Aufg. 45	Grundgedanke ist, dass jeder Mensch frei und selbst entscheiden kann, welche persönlichen Daten wann und wem zugänglich sein sollen. Dieses geht aus dem Grundrecht auf informationelle Selbstbestimmung hervor.
Aufg. 46	Personenbezogene Daten sind alle Informationen, die sich auf eine identifizierte oder identifizierbare natürliche Person beziehen. Nicht geschützt sind demgegenüber die Daten von juristischen Personen. Personenbezogene Daten sind z. B. der Vorname, Name, Beruf, die finanzielle Lage, der Gesundheitszustand usw. einer natürlichen Person. Keine personenbezogenen Daten sind dagegen z. B. der Sitz und das Kapital einer GmbH.
Aufg. 47	Die von einer Datenverarbeitung betroffenen Personen haben das insbesondere das Recht auf Auskunft über ihre Daten sowie deren Berichtigung, Sperrung und Löschung.
Aufg. 48	Die Datenverarbeitenden haben die Pflicht, das Datengeheimnis zu wahren, technische und organisatorische Maßnahmen zum Schutz vor Datenmissbrauch zu treffen, die Zulässigkeit der Datenverarbeitung zu prüfen, Betroffene bei der erstmaligen Speicherung der Daten zu ihrer Person zu benachrichtigen und einen Beauftragten bzw. eine Beauftragte für den Datenschutz zu benennen.
Aufg. 49	Das Hauptanliegen der Datensicherheit, also die Zielsetzung, ist es, die Daten des Unternehmens vor Verlust, Zerstörung oder Verfälschung zu schützen.
Aufg. 50	Um die Zielsetzung der Datensicherheit zu erreichen, können unterschiedliche Verfahren eingesetzt werden, z. B.: → technische Verfahren (z. B. der Einsatz von Notstromaggregaten) → personelle Verfahren (z. B. die Schulung von Mitarbeitenden in Bezug auf Cyberangriffe) → programmtechnische Verfahren (z. B. Verschlüsselung von Daten) → organisatorische Verfahren (z. B. Sicherheitskopien nach dem Großvater-Vater-Sohn-Prinzip)

B Steuererklärungen vorbereiten und Buchhaltungen bearbeiten – LÖSUNGEN

Aufg. 51	Isabell Schubke ist eine natürliche Person, die im Inland, Flensburg, ihren Wohnsitz hat. Sie ist damit im Veranlagungszeitraum 2025 gem. § 1 Abs. 1 EStG unbeschränkt einkommensteuerpflichtig. Es gilt das Welteinkommensprinzip, sodass sämtliche Einkünfte unter Beachtung der Regelungen von Doppelbesteuerungsabkommen der deutschen Einkommensteuer unterliegen. Es unterliegen also sowohl die Einkünfte aus nichtselbstständiger Arbeit (60.000,00 €) als auch – unter Beachtung der DBA-Regelungen – die Einkünfte aus Kapitalvermögen der deutschen Einkommensteuer.
Aufg. 52	a) Isabell Schubke ist eine natürliche Person. Allerdings hat sie im Veranlagungszeitraum 2026 weder einen Wohnsitz noch ihren gewöhnlichen Aufenthalt in Deutschland. Sie erzielt aber inländische Einkünfte gem. § 49 EStG aufgrund ihrer Tätigkeit in Deutschland. Sie ist damit gem. § 1 Abs. 4 EStG beschränkt einkommensteuerpflichtig. Es gilt das Territorialprinzip. Der deutschen Einkommensteuer unterliegen die inländischen Einkünfte aus nichtselbstständiger Arbeit in Höhe von 60.000,00 €. b) Frau Schubke könnte einen Antrag auf unbeschränkte Einkommensteuerpflicht gem. § 1 Abs. 3 EStG stellen. Ihre inländischen Einkünfte betragen mindestens 90 % ihrer Gesamteinkünfte. Die ausländischen Einkünfte müssten durch eine Bescheinigung der ausländischen Steuerbehörde nachgewiesen werden. Die inländischen Einkünfte (60.000,00 €) unterliegen der deutschen Einkommensteuer. Die ausländischen Einkünfte (5.000,00 €) unterliegen wenn dann dem Progressionsvorbehalt gem. § 32b Abs. 1 Nr. 5 EStG. Vorteile der unbeschränkten Einkommensteuerpflicht auf Antrag wären die Zusammenveranlagung von Ehegatten, Berücksichtigung des Grundfreibetrages, von Sonderausgaben, außergewöhnlichen Belastungen und des Splittingverfahrens.

Aufg. 53

Einkünfte § 19 EStG Ehefrau		
Einnahmen § 8 EStG		
Bruttoarbeitslohn 12 · 3.000,00 €	36.000,00 €	
Gutschein 50 € kein Ansatz	– €	
ESt-frei gem. § 8 Abs. 2 S. 11 EStG		
	36.000,00 €	
– Werbungskosten hier: WK- Pauschale		
gem. § 9a Nr. 1 a) EStG	–1.230,00 €	
Einkünfte Ehefrau § 19 EStG		34.770,00 €
Einkünfte Ehemann § 19 EStG		
Einnahmen § 8 EStG		
Bruttoarbeitslohn	72.000,00 €	
Pkw-Gestellung		
Privatfahrten 1%-Methode 1% des auf volle hundert abgerundeten Bruttolistenpreises je Monat 41.200,00 € · 1 % · 10 Monate	4.120,00 €	
Fahrten Wohnung – erste Tätigkeitsstatte 41.200,00 € · 0,03 % · Entfernungs-km · Mon. 41.200,00 € · 0,03 % · 25 km · 10 Mon.	3.090,00 €	
Einnahmen	79.210,00 €	
–Werbungskosten		
Kontoführungspauschale	16,00 €	
Entfernungspauschale:		
es sind nur die vollen km der Entfernung zu berücksichtigen; auch sind keine Doppelfahrten zu berücksichtigen 20 km · 0,30 €/km · 224 Tage	1.344,00 €	
5 km · 0,38 €/km · 224 Tage	425,60 €	
Weiterbildungskosten:		
Seminargebühren: Abflussprinzip § 11 EStG März, Juni, Okt. 2024 3 · 300,00 €	900,00 €	
– Arbeitgeberanteil	–600,00 €	
Maßanzug und Hemden kein Ansatz; keine berufstypische Kleidung	– €	

Summe Werbungskosten	–2.085,60 €	
Einkünfte Ehemann § 19 EStG		77.124,40 €
Summe der Einkünfte		
= Gesamtbetrag der Einkünfte		111.894,40 €
– Sonderausgaben:		
Altersvorsorgeaufwendungen Arbeitgeber-Anteile RV 3.348,00 € + 7.366,00 €	10.714,00 €	
Arbeitnehmer-Anteile RV	10.714,00 €	
	21.428,00 €	
Höchstbetrag § 10 Abs. 3 EStG Zusammenveranlagte (2024) 55.132,00 € ab VZ 2023 Ansatz zu 100 %	21.428,00 €	
– steuerfreier Arbeitgeber-Anteil	–10.714,00 €	
abzugsfähige Altersvorsorgeaufwendungen		–10.714,00 €
Sonstige weitere Vorsorgeaufwendungen:		
Krankenversicherung 2.808,00 € + 4.843,00 €	7.651,00 €	
Pflegeversicherung 522,00 € + 1.148,00 €	1.670,00 €	
Arbeitslosenversicherung 468,00 € + 1.029,00 €	1.497,00 €	
	10.818,00 €	
Höchstbetrag § 10 Abs. 4 S. 1 u. 2 EStG 1.900,00 € + 1.900,00 €	3.800,00 €	
aber mindestens abzugsfähig § 10 Abs. 4 S. 4 EStG Krankenversicherung	7.651,00 €	
– 4 % Kürzung	–306,04 €	
Basis KV	7.344,96 €	
Pflegeversicherung	1.670,00 €	
mindestens abzugsfähige sonst. Vorsorge		–9.014,96 €

Schulgeld § 10 Abs. 1 Nr. 9 EStG 30 % · 3.600,00 € (max. 5.000,00 €)		–1.080,00 €
Spende Förderverein § 10b Abs. 1 EStG		
Höchstbetrag 20 % GdE	22.378,88 €	
abzugsfähige Spende		–1.200,00 €
Außergewöhnliche Belastungen § 33 EStG:		
OP-Kosten 6.500,00 € – 500,00 €	6.000,00 €	
Medikamente	750,00 €	
diätische Ernährung, kein Ansatz	– €	
	6.750,00 €	
Zumutbare Belastung § 33 Abs. 3 EStG:		
1. Staffel: 15.340,00 € · 2 %	306,80 €	
2. Staffel (51.130,00 € – 15.340,00 €) · 3 %	1.073,70 €	
3. Staffel (111.894,40 € – 51.130,00 €) · 4 %	2.430,58 €	
zumutbare Belastung	3.811,08 €	
abzugsfähige außergewöhnliche Belastungen		–2.938,92 €
= Einkommen		86.946,52 €
Kinderfreibetrag 2 · 3.306,00 €		– 6.612,00 €
Betreuungsfreibetrag 2 · 1.464,00 €		–2.928,00 €
= zu versteuerndes Einkommen		77.406,52 €
· Steuersatz laut Sachverhalt 18 %		
= tarifliche ESt.		13.933,17 €
– Steuerermäßigung § 35a EStG		
Handwerkerleistungen: 20 % des Bruttoarbeitslohns max. 1.200,00 € (5.000,00 € + 19 % USt.) · 20 %		–1.190,00 €
+ Kindergeld		3.504,00 €
= festzusetzende ESt.		16.247,17 €
Rundung § 32a Abs. 1 S. 6 EStG		16.247,00 €
festzusetzende ESt		16.247,00 €
– abgeführte Lohnsteuer 3.415,00 € + 16.638,00 €		–20.053,00 €
= ESt-Erstattung		–3.806,00 €

Aufg. 54	Die abgeleitete Buchführungspflicht ergibt sich aus anderen Gesetzen (in der Regel dem HGB) und wird für steuerliche Zwecke übernommen (§ 140 AO i. V. m. § 238 HGB).
Aufg. 55	Die originäre (ursprüngliche) Buchführungspflicht ergibt sich gem. § 141 AO unmittelbar aus der Abgabenordnung für Land- und Forstwirte, sowie für Gewerbetreibende, die keine Kaufleute im Sinne des HGB sind, aber die in § 141 AO benannten Wertgrenzen überschreiten.
Aufg. 56	a) Fritz Kann ist als Ist-Kaufmann gem. § 140 AO i. V. m. § 238 HGB buchführungspflichtig. b) Sascha Karpenkow erzielt Einkünfte aus selbstständiger Arbeit. Da er kein Kaufmann und kein gewerblicher Unternehmer ist, ist er nicht nach §§ 140, 141 AO buchführungspflichtig. c) Udo Röhricht ist als Handwerker gewerblicher Unternehmer aber kein Kaufmann. Sein Umsatz und sein Gewinn liegen unterhalb der Grenzen des § 141 AO. Er ist damit nicht gem. § 141 AO buchführungspflichtig. Aufgrund der fehlenden Kaufmannseigenschaft ist er auch nicht gem. § 211 BGB buchführungspflichtig.
Aufg. 57	Formelle Mängel betreffen die Art und Weise der Aufzeichnungen. Materielle Mängel betreffen den Inhalt der Aufzeichnungen/ Buchungen als solche. Beispiele für formelle Mängel sind u. a.: → Abkürzungen, Ziffern, Buchstaben oder Symbole werden nicht eindeutig verwendet (z. B. Abkürzung „Ba" bedeutet einmal bar, dann Bank, dann Büroausstattung, dann Barscheck usw.). → Eine Buchung wird so verändert (z. B. durch Überschreiben oder Durchstreichen), dass ihr ursprünglicher Inhalt nicht mehr feststellbar ist. → Buchungen werden mit Bleistift vorgenommen. → Buchungen werden mit Korrekturflüssigkeit oder auf andere Weise (elektronisch) entfernt. → Kasseneinnahmen und Kassenausgaben werden nicht täglich, sondern in größeren Zeitabständen festgehalten. → Buchungen werden nicht chronologisch, sondern zeitlich ungeordnet vorgenommen.

	→ Die Buchführung ist durch viele Stornobuchungen, Umbuchungen und Nachtragsbuchungen nicht mehr so klar und übersichtlich, dass sie einem sachverständigen Dritten innerhalb angemessener Frist einen Überblick über die Geschäftsvorfälle und die Vermögenslage ermöglicht. Beispiele für materielle Mängel sind unter anderem: → Ein buchungspflichtiger Geschäftsvorfall (z. B. der Barverkauf von Waren) ist nicht gebucht. → Ein fingierter (d. h. nicht existierender) Geschäftsvorfall (z. B. Privateinlage des Inhabers) wurde gebucht. → Ein Geschäftsvorfall wurde unvollständig gebucht (z. B. von einer Tageskasseneinnahme über 3.500,00 € wurden nur 3.200,00 € gebucht). → Ein Geschäftsvorfall (z. B. ein Kreditkauf von Waren) wurde im falschen Abrechnungszeitraum gebucht. → Die Buchung eines Warenverkaufs an einen befreundeten Händler wird nicht gebucht, da im nächsten Monat eine Warenlieferung in gleicher Höhe von dem befreundeten Händler an den Mandanten bzw. die Mandantin erfolgt.

Aufg. 58

Art des Umsatzes (§)	Sonstige Leistung, § 3 Abs. 9 UstG
Ort des Umsatzes (§)	Greifswald, § 3a Abs. 3 Nr. 1 a) UStG
steuerbar (§)/nicht steuerbar, weil ...	§ 1 Abs. 1 Nr. 1 UStG
steuerfrei (ja/nein, §)	ja, § 4 Nr. 12 a) UStG
Bemessungsgrundlage (§ und €)	
Umsatzsteuer (€)	

Buchungssatz:

SKR 03	SKR 04		Soll	Haben
1200	1800	Bank	595,00 €	
		an		
2750	4860	Grundstückserträge		595,00 €

Gewinnauswirkung:

Gewinnerhöhung +595,00 €

Aufg. 59

Art des Umsatzes (§)	Sonstige Leistung, § 3 Abs. 9 UstG
Ort des Umsatzes (§)	Stralsund, § 3a Abs. 3 Nr. 1 a) UStG
steuerbar (§)/nicht steuerbar, weil ...	§ 1 Abs. 1 Nr. 1 UStG
steuerfrei (ja/nein, §)	nein, da Option gem. § 9 UStG
Bemessungsgrundlage (§ und €)	§ 10 Abs. 1 UStG, 5.000,00 €
Umsatzsteuer (€)	950,00 €

Aufg. 60

Buchungssatz:

SKR 03	SKR 04		Soll	Haben
4210	6310	Mietaufwand	5.000,00 €	
1570	1400	abz. Vorsteuer	950,00 €	
		an		
1200	1800	Bank		5.950,00 €

Gewinnauswirkung:

Gewinnminderung –5.000,00 €

Aufg. 61

Art des Umsatzes (§)	Unentgeltliche Lieferung, § 3 Abs. 1b Nr. 1 UStG
Ort des Umsatzes (§)	Stralsund, § 3 Abs. 6 UStG
steuerbar (§)/nicht steuerbar, weil ...	§ 1 Abs. 1 Nr. 1 UStG
steuerfrei (ja/nein, §)	nein, kein § 4 UStG
Bemessungsgrundlage (§ und €)	§ 10 Abs. 4 Nr. 1 UStG 180,00 €
Umsatzsteuer (€)	34,20 €

Buchungssatz:

SKR 03	SKR 04		Soll	Haben
1800	2100	Privatentnahme	214,20 €	
		an		
8910	4620	unentgeltliche Lieferungen		180,00 €
1770	3800	Umsatzsteuer		34,20 €

Gewinnauswirkung:

Gewinnerhöhung +120,00 €

Aufg. 62

Art des Umsatzes (§)	kein Umsatz, da keine Leistung vorliegt
Ort des Umsatzes (§)	
steuerbar (§)/nicht steuerbar, weil ...	
steuerfrei (ja/nein, §)	
Bemessungsgrundlage (§ und €)	
Umsatzsteuer (€)	

Buchungssatz:

SKR 03	SKR 04		Soll	Haben
1800	2100	Privatentnahme	150,00 €	
		an		
1000	1600	Kasse		150,00 €

Gewinnauswirkung:

gewinnneutral 0,00 €

Aufg. 63

Art des Umsatzes (§)	Sonstige Leistung/ Werkleistung, § 3 Abs. 9 UStG
Ort des Umsatzes (§)	Samtens, § 3a Abs. 3 Nr. 1 c) UStG
steuerbar (§)/nicht steuerbar, weil ...	§ 1 Abs. 1 Nr. 1 UStG
steuerfrei (ja nein, §)	nein, kein § 4 UStG
Bemessungsgrundlage (§ und €)	§ 19 Abs. 1 UStG, 300,00 €
Umsatzsteuer (€)	57,00 €

Buchungssatz:

SKR 03	SKR 04		Soll	Haben
1410	1210	Ford. a. LL.	357,00 €	
		an		
8000	4000	Umsatzerlöse		300,00 €
1770	3800	USt.		57,00 €

Gewinnauswirkung:

Gewinnerhöhung +300,00 €

Aufg. 64

Art des Umsatzes (§)	Lieferungen, § 3 Abs. 1 UStG
Ort des Umsatzes (§)	Stralsund, § 3 Abs. 6 UStG
steuerbar (§)/nicht steuerbar, weil ...	§ 1 Abs. 1 Nr. 1 UStG
steuerfrei (ja/nein, §)	nein, kein § 4 UStG
Bemessungsgrundlage (§ und €)	§ 10 Abs. 1 UStG, 10.000,00 €
Umsatzsteuer (€)	1.900,00 €

Buchungssatz:

SKR 03	SKR 04		Soll	Haben
1410 1000	1210 1600	Ford. a. LL. alternativ Kasse	11.900,00 €	
		an		
8000	4000	Umsatzerlöse		10.000,00 €
1770	3800	Umsatzsteuer		1.800,00

Gewinnauswirkung:

Gewinnerhöhung +10.000,00 €

Aufg. 65

Buchungssatz:

SKR 03	SKR 04		Soll	Haben
3200	5200	Wareneingang	9.000,00 €	
1570	1400	abzgl. Vorsteuer	1.710,00 €	
		an		
1610	3310	Verb. a. LL.		10.710,00 €

Gewinnauswirkung:

Gewinnminderung –9.000,00 €

Hinweis: Es handelt sich um einen Sofortrabatt. Dieser ist nicht zu buchen.

Aufg. 66

Buchung 28.02.:

SKR 03	SKR 04		Soll	Haben
3200	5200	Wareneingang	8.000,00 €	
1570	1400	abzgl. Vorsteuer	1.520,00 €	
		an		
1610	3310	Verb. a. LL.		9.520,00 €

Gewinnauswirkung:

Gewinnminderung –8.000,00 €

Buchung 04.03.:

SKR 03	SKR 04		Soll	Haben
1610	3310	Verb. a. LL.	1.904,00 €	
		an		
3700	5700	Nachlässe Wareneingang		1.600,00 €
1570	1400	abzgl. Vorsteuer		304,00 €

Gewinnauswirkung:

Gewinnerhöhung +1.600,00 €

Buchung 10.03.:

SKR 03	SKR 04		Soll	Haben
1610	3310	Verb. a. LL.	7.616,00 €	
		an		
3700	5700	Skonti Waren-eingang		192,00 €
1570	1400	abzgl. Vorsteuer		36,48 €
1200	1800	Bank		7.387,52 €

Gewinnauswirkung:

Gewinnerhöhung +192,00 €

Aufg. 67

Berechnung Wareneinsatz:

Wareneinsatz = alle im Abrechnungszeitraum verkauften Waren.

	Wareneingang	6.000,00 €
+	Bezugskosten	250,00 €
–	erhaltene Skonti	– 100,00 €
–	Rücksendungen an Lieferanten	– 50,00 €
=	Wareneinsatz	6.100,00 €

Berechnung Rohgewinn:

Rohgewinn = Umsatzerlöse – Wareneinsatz

Umsatzerlöse:

Umsatzerlöse	30.000,00 €
– gewährte Skonti	150,00 €
=	30.850,00 €

Rohgewinn = 30.850,00 € – 6.100,00 € = 24.750,00 €

Berechnung Kalkulationszuschlag:

Kalkulationszuschlag in % =

$$\frac{\text{Rohgewinn} \cdot 100}{\text{Wareneinsatz}} = \frac{24.750{,}00\text{ €} \cdot 100}{6.100{,}00\text{ €}} = 402{,}74\ \%$$

Hinweis: Kalkulationsfaktor = 4,0274

Berechnung Reingewinn:

Rohgewinn	24.750,00 €
+ sonstige betriebliche Erträge	1.000,00 €
– sonstige betriebliche Aufwendungen	15.000,00 €
= Reingewinn	10.750,00 €

C Sachverhalte steuerrechtlich beurteilen und in Steuererklärungen bearbeiten – LÖSUNGEN

Aufg. 68

Einkünfte § 15 EStG:

Wirtschaftsjahr 2023/2024 (§ 4a Abs. 2 Nr. 2 EStG)		63.000,00 €
Rumpfwirtschaftsjahr bis Veräußerung		15.000,00 €
Veräußerungsgewinn § 16 EStG		
Veräußerungspreis	365.000,00 €	
– Veräußerungsneben-kosten	– 14.000,00 €	

– Betriebsvermögen zum Zeitpunkt der Veräußerung Eigenkapital 265.000,00 € – 60.000,00 € =		– 205.000,00 €	
= vorläufiger Veräußerungsgewinn		146.000,00 €	
Freibetrag da 55 Lebensjahr vollendet u. Antrag	45.000,00 €		
– Abschmelzung 146.000,00 € – 136.000,00 €	– 10.000,00 €		
= abgeschmolzener Freibetrag		– 35.000,00 €	
endgültiger Veräußerungsgewinn			111.000,00 €
Einkünfte aus Gewerbebetrieb			189.000,00 €

Aufg. 69

Umsatzsteuerrechtliche Beurteilung der Nutzung des Gebäudes:

Erdgeschoss: Steuerbarkeit (ja, nein, Begründung)	nein, nicht steuerbarer Innenumsatz
1. Obergeschoss: Vermietung Steuerbüro Steuerfrei (ja/nein) mit Begründung und gesetzlichen Grundlagen	nein, grundsätzlich steuerfrei gem. § 4 Nr. 12 a) UStG aber Option gem. § 9 UStG
Bemessungsgrundlage in Euro	3.200,00 €
Umsatzsteuer in Euro	608,00,00 €

2. Obergeschoss: Vermietung Versicherungsmakler Steuerfrei (ja/nein) mit Begründung und gesetzlichen Grundlagen	ja, § 4 Nr. 12 a) UStG; keine Option gem. § 9 Abs. 2 UStG möglich; Versicherungsmakler kein Vorsteuerabzug, nur USt-frei Umsätze gem. § 4 Nr. 11 UStG

Aufg. 70

Beurteilung der Leistung des polnischen Bauunternehmers:

Art des Umsatzes des polnischen Bauunternehmers (§)	Werklieferung, § 3 Abs. 4 UStG
Ort des Umsatzes (§)	Rostock, § 3 Abs. 7 S. 1 UStG
steuerbar (§)/nicht steuerbar, weil ...	ja, § 1 Abs. 1 Nr. 1 UStG
steuerfrei (ja/nein, §)	nein, kein § 4 UStG
Steuerschuldner (Name, §)	Frau Kaltschic als Leistungsempfängerin, § 13b Abs. 2 Nr. 1 i. V. m. § 13b Abs. 5 S. 1 UStG
Bemessungsgrundlage (§ und €)	450.000,00 €
Umsatzsteuer (€)	85.500,00 €
abziehbare Vorsteuer (§)	§ 15 Abs. 1 Nr. 4 UStG
Entstehung der Umsatzsteuer (wann, §)	02.12.2024, § 13b Abs. 2 UStG

Aufg. 71

Ermittlung der abzugsfähigen Vorsteuer/Aufteilungsschlüssel:

Gebäudeteil	Vorsteuer abzugsfähig (ja/nein)	Anteil
Erdgeschoss	ja, abzugsfähig	2/6
1. Obergeschoss	ja, abzugsfähig	2/6
2. Obergeschoss genaue gesetzliche Grundlage	nein, nicht abzugsfähig; § 15 Abs. 2 Nr. 1 UStG	2/6

Ermittlung der abzugsfähigen Vorsteuer in Euro:

Vorsteuer gesamt:	
aus Herstellungskosten	85.500,00 €
aus sonstigen Kosten (Hausmeister, Energieversorgung)	106,40 €
	85.606,40 €
Abzugsfähig sind anteilig 4/6 =	57.070.93 €

Aufg. 72

Ermittlung der Einkünfte aus Gewerbebetrieb:

vorläufiger Gewinn		50.000,00 €
Sonstige Kosten laufend: Gebäudeversicherung Grundbesitzabgaben Hausmeister Energieversorgung Zinsen Summe (netto)	 800,00 € 1.280,00 € 200,00 € 360,00 € 8.000,00 € 10.640,00 €	
anteilige Betriebsausgaben (2/6) =		– 3.546,67 €
Abgenzung Disagio: betrieblicher Anteil 6.000,00 € · 2/6 =	2.000,00 €	
Abgrenzung jährlich: 2.000,00 € / 20 Jahre · 8/12 =		– 66,67 €
Abschreibung Gebäude (betrieblicher Anteil): 450.000,00 € · 2/6 · 3 % · 1/12 =		– 375,00 €
Einkünfte aus Gewerbebetrieb		46.011,67 €

Ermittlung der Einkünfte aus Vermietung und Verpachtung:

Achtung: Da diese Einkünfte nach dem Zufluss-/Abflussprinzip gem. § 11 EStG zu ermitteln sind, ist die Umsatzsteuer Betriebseinnahme!

Ebenfalls gelten Besonderheiten für das Disagio.

Einnahmen		
1. Obergeschoss	3.200,00 €	
Miete	608,00 €	
+ Umsatzsteuer		
2. Obergeschoss		
Miete	3.000,00 €	
Nebenkosten	200,00 €	
– Werbungskosten		7.008,00 €
laufende Kosten		
Gebäudeversicherung	800,00 €	
Grundbesitzabgaben	1.280,00 €	
Hausmeister	200,00 €	
Energieversorgung	360,00 €	
Zinsen	8.000,00 €	
Summe (netto)	10.640,00 €	
+ anteilige Vorsteuer	106,40 €	
	10.746,40 €	
anteilig VuV 4/6 =		– 7.164,27 €
Disagio anteilig VuV gem. § 11 Abs. 2 S.3 EStG keine zeitliche Abgrenzung		
6.000,00 € · 4/6 =		– 4.000,00 €
Abschreibung Gebäude AfA-Satz § 7 Abs. 4 Nr. 2 a) 3 % da Fertigstellung in 2024		
1. Obergeschoss		
450.000,00 € · 2/6 · 3 % · 1/12		– 375,00 €
2. Obergeschoss		
Achtung: Die Umsatzsteuer der Herstellungskosten ist mit zu berücksichtigen, da diese Umsatzsteuer nicht als		

Vorsteuer abzugsfähig war.

450.000,00 € · 2/6 · 3 % · 1/12 · 1,19 =	– 446,25 €
Summe Werbungskosten =	– 11.985,52 €
Einkünfte VuV:	– 4.977,52 €

Aufg. 73

	Erklärung / Berechnung	BE 275.000,00 €	BA 230.000,00 €
a)	AK Software keine BA; nur AfA ab Januar 2025 ab Lieferung		– 3.570,00 €
b)	BA Dezember 2024, da Fälligkeit außerhalb von 10 Tagen		+ 2.000,00 €
c)	keine Fahrtkosten, da Firmen-PKW		
	Übernachtungskosten brutto		
	sonstige Reisekosten brutto		+ 200,00 €
	Verpflegungsmehraufwand		+ 29,75 €
	kein Vorsteuerabzug		+ 48,00 €
d)	Spende keine BA; in persönl. Steuererklärung als Sonderausgabe zu berücksichtigen.		– 250,00 €
e)	BA mit Freigabe der Online-Überweisung. (begeben der Verfügungsmacht über das Geld)		+ 595,00 €
f)	BA bereits bei Einkauf erfasst		– 1.500,00 €
g)	Bildung IAB gem. § 7g EStG berücksichtigt **bei der Überleitung zum steuerrechtlichen Gewinn** (alternativ auch hier darstellbar)		
h)	Kaufpreis Grundstück erst BA, wenn Grundstück wieder verkauft wird		– 120.000,00 €
i)	Bewirtungsaufwand, 30 % hier vom Bruttobetrag nicht abzugsfähige BA (Alternativ auch bei der Überleitung zum steuerrechtlchen Gewinn darstellbar)		– 18,00 €
j)	Auflösung IAB durch Hinzurechnung 50 % AK max. gebildeter IAB (alternativ bei Überleitung darstellbar)	+ 3.000,00 €	+ 3.000,00 €
	Kürzung AK Liege in Anspruch genommenen IAB		
	AfA BMG = 3.000,00 € lineare AfA 3.000,00 € : 10 · 10/12 =		+ 250,00 €
	Sonder AfA § 7g Abs. 5 3.000,00 € · 40 % =		+ 1.200,00 €

k)	Bruttolistenpreis 52.500,00 € · 1,19 = 62.475 € abrunden auf volle Hundert = 62.400,00 € 1 % · 12 Monate · 20 % · 62.400,00 € = 1.497,60 €x 1 % · 12 Monate · 80 % · 62.400,00 € = 5.990,40 € Ust. = 5.990,40 € · 19 % = 1.138,18 € Private Pkw-Nutzung Unternehmer	+ 8.626,18 €	
	Summen vorläufiger Gewinn Überleitung Tz. 7 Bildung IAB, 50 % AK 35.700,00 € – 50 % = steuerlicher Gewinn	286.626,18 €	111.984,75 € 174.641,43 € – 17.850,00 € 156.791,43 €

Aufg. 74

Eine Verteilung der Aufwendungen auf fünf Jahre gem. § 82b EStDV ist nur möglich, wenn es sich bei den Aufwendungen um Erhaltungsaufwendungen handelt.

Soweit Balkone angebaut und Balkontüren eingebaut werden, führt dies zu einer Substanzerweiterung des Gebäudes. Die angefallenen Aufwendungen in Höhe von 90.000,00 € sind daher als nachträgliche Herstellungskosten zu qualifizieren. Eine Verteilung dieser Kosten gem. § 82b EStDV scheidet somit aus.

Mit der Dachreparatur und der Fassadendämmung wird die Gebäudesubstanz nicht erweitert, sodass zunächst von Erhaltungsaufwendungen auszugehen ist.

Allerdings könnte es sich bei diesen Aufwendungen um anschaffungsnahe Herstellungskosten gem. § 6 Abs. 1 Nr. 1a EStG handeln. Die Aufwendungen wurden innerhalb von drei Jahren Nach dem Erwerb der Immobilie getätigt.

Zu prüfen ist weiter, ob die Nettoaufwendungen 15 % der Anschaffungskosten des Gebäudes übersteigen.

Anschaffungskosten	
Kaufpreis	400.000,00 €
Notarkosten Kaufvertrag	
Grunderwerbsteuer	26.000,00 €
Grundbuch Eigentumswechsel	1.500,00 €
	431.000,00 €
Anteil Grund u. Boden (50 %)	215.500,00 €
Anschaffungskosten Gebäude	215.500,00 €
davon 15 % =	32.325,00 €
Erhaltungsaufwendungen (brutto)	105.000,00 €
– 19 % USt. gerundet	16.765,00 €
= Erhaltungsaufwendungen netto gerundet	88.235,00 €

	Die Erhaltungsaufwendungen netto übersteigen deutlich die 15%-Grenze. Es handelt sich damit um anschaffungsnahe Herstellungskosten. Eine Aufteilung dieser Aufwendungen gem. § 82b EStDV scheidet damit aus.		
Aufg. 75	Mieteinnahmen		
	April – Aug. 2024		
	5 Monate · 4.200,00 €		21.000,00 €
	Sept. – Dez. 2024		
	4 Monate · 5.040,00 €		25.200,00 €
			46.200,00 €
	– Werbungskosten		
	Schuldzinsen	4.500,00 €	
	Notarkosten Grundschuld	1.500,00 €	
	Amtsgericht Kosten		
	Grundschuldeintragung	800,00 €	
			– 6.800,00 €
	Allgemeine Ausgaben		
	April – Dez. 2024		
	9 Monate · 1.200,00 €		– 10.800,00 €
	Gebäude-AfA		
	AK bisher	215.500,00 €	
	+ nachträgliche HK	90.000,00 €	
	+ anschaffungsnahe HK	105.000,00 €	
	AfA Bemessungsgrundlage	410.500,00 €	
	AfA Satz gem. § 7 Abs. 4 2 %	8.210,00 €	
	Zeitanteilig ab April 9/12		– 6.157,50 €
	Summe Werbungskosten		– 23.757,50 €
	Einkünfte VuV		22.442,50 €

Aufg. 76

Dividende Sport und Fitness GmbH (§ 20 Abs. 1 Nr. 1 EStG)		
Nettodividende = 73,625 % → Bruttodividende		60.000,00 €
Aktienverkauf (§ 20 Abs. 2 Nr. 1, Abs. 4 EStG)		
Erlös aus der Veräußerung 100 Aktien · 260,00 €	26.000,00 €	
– Veräußerungskosten	– 120,00 €	
– Anschaffungskosten + Anschaffungsnebenkosten		
20.000,00 € + 50,00 €	– 20.050,00 €	
		5.830,00 €
Erstattungszinsen Finanzamt § 233a AO		
i. V. m. § 20 Abs. 1 Nr. 7 S. 3 EStG		300,00 €
Sparbuchzinsen § 20 Abs. 1 Nr. 7 EStG		
(kein Abzug von KapESt u. SolZ, da Freistellung)		120,00 €
Einnahmen		66.250,00 €
– Sparerpauschbetrag § 20 Abs. 9 EStG		– 1.000,00 €
Einkünfte aus Kapitalvermögen		65.250,00 €

Aufg. 77

Bei der Zusammenveranlagung sind die Einkünfte der Eheleute einzeln zu ermitteln und dann zusammenzurechnen.

Einkünfte Klaus Günzel

Sparbuchzinsen § 20 Abs. 1 Nr. 7 EStG (kein Abzug von KapESt u. SolZ, da Freistellung)		120,00 €
– Sparerpauschbetrag § 20 Abs. 9 EStG		– 120,00 €
		0,00 €
Beachte § 20 Abs. 9 S. 3 EStG		
verbleibender Sparerpauschbetrag 1.000,00 € – 120,00 € =	880,00 €	

Einkünfte Klara Günzel

Dividende Sport und Fitness GmbH (§ 20 Abs. 1 Nr. 1 EStG)		
Nettodividende = 73,625 % → Bruttodividende		60.000,00 €
Aktienverkauf (§ 20 Abs. 2 Nr. 1, Abs. 4 EStG)		
Erlös aus der Veräußerung 100 Aktien · 260,00 €	26.000,00 €	
– Veräußerungskosten	– 120,00 €	
– Anschaffungskosten + Anschaffungsnebenkosten 20.000,00 € + 50,00 €	– 20.050,00 €	
		5.830,00 €
Erstattungszinsen Finanzamt § 233a AO i. V. m. § 20 Abs. 1 Nr. 7 S. 3 EStG		300,00 €
		66.130,00 €
– Sparerpauschbetrag (Klara Günzel)		– 1.000,00 €
– Übertrag verbleibender Sparerpauschbetrag (Klaus Günzel)		– 880,00 €
= Einkünfte aus Kapitalvermögen Klara Günzel		64.250,00 €

Aufg. 78	→ Verkauf Pkw durch Max Klinke kein Ansatz, da es sich um einen Gegenstand des täglichen Gebrauchs handelt: 0,00 € → Verkauf der Gitarre durch Max Klinke; 1.010,00 € nicht weniger als 1.000,00 €, damit Freigrenze überschritten: 1.010,00 € → Privates Veräußerungsgeschäft der Amelie Klinke; 999,00 € ist weniger als 1.000,00 €, damit Freigrenze nicht überschritten: 0,00 €

Aufg. 79

Einnahmen	
Bruttorente 2024	15.079,00 €
– Rentenanpassungsbetrag	– 2.223,00 €
Bruttorente 2011	12.856,00 €
Davon steuerpflichtig	
Jahr des Rentenbeginns 2010 = 60 %	7.713,60 €
+ Rentenanpassungsbetrag	2.223,00 €
steuerpflichtige Einnahmen	9.936,60 €
– WK-Pauschbetrag	102,00 €
Einkünfte aus der gesetzlichen Altersrente	9.834,60 €

Aufg. 80

Höchstbetrag (Grundfreibetrag 2024)	11.784,00 €	
anteilig Unterhaltszeitraum Sept. – Dez. 4/12		3.928,00 €
eigene Einkünfte und Bezüge	8.000,00 €	
– abzüglich Karenzbetrag	– 624,00 €	
	7.376,00 €	

	anteilig Unterhaltszeitraum Sept. – Dez. 4/12 schädlicher Betrag	– 2.458,67 €
	gekürzter Höchstbetrag	1.469,33 €
	tatsächliche Zahlungen Sept. – Dez. 4 · 200,00 € =	1.000,00 €
	Der niedrigere Betrag ist abzugsfähig. Damit als außergewöhnliche Belastungen abzugsfähig: 1.000,00 €	
Aufg. 81	a) Gewerbesteuermessbetrag 1.159,00 € · 4 =	4.636,00 €
	max. tatsächlich zu zahlende GewSt.	
	1.159,00 € · 465 % abgerundet =	5.389,00 €
	Steuerermäßigung damit	4.636,00 €
	b) Haushaltsnahe Dienstleistung:	
	Aufwendungen für Haushaltshilfe	6.400,00 €
	+ Steuerberatungskosten/ Lohnabrechnung	250,00 €
		6.650,00 €
	davon 20 % max. 4.000,00 € =	1.330,00 €
	c) Handwerkerleistungen:	
	ausgewiesener Lohnanteil brutto	892,50 €
	davon 20 % max. 1.200,00 € =	178,50 €

Aufg. 82

Vorläufiger Jahresüberschuss nach Handelsrecht	97.150,00 €
+ steuerrechtliches Verbot der Drohverlustrückstellung	5.000,00 €
= Gewinn laut Steuerbilanz	102.150,00 €
Korrekturen nach KStG u. EStG:	
+ verdeckte Gewinnausschüttung § 8 Abs. 3 KStG	
Lohnzahlungen an Tochter während Urlaubsreise	4.000,00 €
+ nicht abziehbare Aufwendungen	
KSt-Vorauszahlung	20.000,00 €
Solz-Vorauszahlung	1.100,00 €
GewSt-Vorauszahlung	18.000,00 €
30 % der Bewirtungsaufwendungen (netto)	702,00 €
Zuwendungen gem. § 9 Abs. 2 S. 1 KStG:	
Parteispende	500,00 €
Spende Universität	2.000,00 €
Summe der Einkünfte = Einkommen § 9 Abs. 2 S. 1	
= KStG	148.452,00 €
– abzugsfähige Zuwendungen	
Höchstbetrag 20 % · 148.452,00 € = 29.690,00 €	– 2.000,00 €
= Gesamtbetrag der Einkünfte	146.452,00 €
– Verlustabzug § 10d EStG	– 11.850,00 €
= Einkommen = zu versteuerndes Einkommen	134.602,00 €

	KSt-Rückstellung:	
	KSt = zu versteuerndes Einkommen · 15 % =	20.190,30 €
	– KSt-Vorauszahlungen	– 20.000,00 €
	= KSt-Rückstellung	190,30 €
	SolZ-Rückstellung:	
	SolZ = KSt. · 5,5 % =	1.110,47 €
	– SolZ-Vorauszahlung	– 1.100,00 €
	SolZ-Rückstellung	10,47 €
Aufg. 83	Endgültiger handelsrechtlicher Gewinn:	
	vorläufiger handelsrechtlicher Gewinn	97.150,00 €
	KSt-Rückstellung	– 190,30 €
	SolZ-Rückstellung	– 10,47 €
	endgültiger handelsrechtlicher Gewinn	96.949,23 €
Aufg. 84	Berechnung ausschüttbarer Gewinn – Bruttodividende:	
	Gewinn vor Steuern	2.214.000,00 €
	– Körperschaftsteuer	
	2.214.000,00 € · 15 % =	– 332.100,00 €
	– Solidaritätszuschlag	
	332.100,00 € · 5,5 % =	– 18.265,50 €
	– GewSt. lt. Sachverhalt	– 400.300,00 €
	= ausschüttbarer Gewinn	1.463.334,50 €
Aufg. 85	Berechnung Nettodividende:	
	ausschüttbarer Gewinn	
	Bruttodividende	1.463.334,50 €
	– Freistellung – 1.000,00 €	
	= Betrag für Steuerberechnung 1.462.334,50 €	

	– 25 % KapESt.	– 365.583,63 €
	– 5,5 % SolZ	– 20.107,10 €
	= Nettodividende	1.077.643,78 €
Aufg. 86	Berechnung Gewerbesteuermessbetrag:	
	vorläufiger handelsrechtlicher Jahresüberschuss	**60.366,00 €**
	+ Tätigkeitsvergütung § 15 Abs. 1 S. 1 Nr. 2 EStG 12 · 3.500,00 € =	42.000,00 €
	+ Darlehnszinsen Klein § 15 Abs. 1 S. 1 Nr. 2 EStG	3.000,00 €
	+ Gewerbesteuervorauszahlung § 4 Abs. 5b EStG	5.800,00 €
	+ Spende (keine BA)	750,00 €
	= Gewinn lt. EStG bzw. KStG gem. § 7 Abs. 1 GewStG	**111.916,00 €**
	+ Hinzurechnungen § 8 GewStG	
	Kontokorrentzinsen § 8 Nr. 1 a) 1.000,00 €	
	Miete/Leasing bewegliches AV § 8 Nr. 1 d) 12 · 500,00 € · 20 % = 1.200,00 €	
	Miete unbewegliches AV § 8 Nr. 1 e) Nettomiete = 2.000,00 € 12 · 2.000,00 € · 50 % = 12.000,00 € 14.200,00 €	

– Freibetrag max. 200.000,00 €, hier	– 14.200,00 €	
= verbleibender Betrag	0,00 €	
davon 25 % =		0,00 €
– Kürzungen § 9 GewStG		
Gewinnanteil Vertriebs OHG § 9 Nr. 2		– 8.000,00 €
Spende für gemeinnützige Zwecke		
Höchstbetrag 111.916,00 € · 20 % = 22.383,00 €		– 750,00 €
= **maßgebender Gewerbeertrag**		**103.166,00 €**
abrunden auf volle Hundert § 11 Abs. 1 S. 3		
= **vorläufiger Gewerbeertrag**		**103.100,00 €**
– Freibetrag bei Einzelunternehmen und Personenhandelsgesellschaften		– 24.500,00 €
= **endgültiger Gewerbeertrag**		**78.600,00 €**
· Gewerbesteuermesszahl 3,5 %		

= **Gewerbesteuermessbetrag (auf volle Euro abgerundet**, R 14.1 S. 3 GewStR)	**2.751,00 €**
Berechnung Gewerbesteuerrückstellung:	10.453,80 €
Gewerbesteuer =	
Gewerbesteuermessbetrag · Hebesatz	
− GewSt-Vorauszahlung	− 5.800,00 €
= **Gewerbesteuerrückstellung**	**4.653,80 €**

Aufg. 87

	Gesamt	Kiel	Rendsburg
Lohnsummen		500.000,00 €	300.000,00 €
− Vergütung Auszubildende § 31 Abs. 2		− 36.240,00 €	− 12.550,00 €
− Tantiemen/ Gratifikation § 31 Abs. 4		− 50.000,00 €	
abrunden auf volle Tausend Euro		413.760,00 €	287.450,00 €
(§ 29 Abs. 3 GewStG)	700.000,00 €	413.000,00 €	287.000,00 €
Aufteilung	700/700	413/700	287/700
Gewerbesteuer-messbetrag	34.800,00 €		
anteilig gerundet		20.532,00 €	14.268,00 €
Hebesatz		450 %	370 %
Gewerbesteuer		92.394,00 €	52.791,60 €
− Vorauszahlung		− 75.000,00 €	− 67.000,00 €
GewSt-Rückstellung/-Erstattung	3.185,60 €	17.394,00 €	− 14.208,40 €

Aufg. 88

a) Warenverkauf, Lieferung aus dem Lager in München:

Art des Umsatzes (§)	Lieferung, § 3 Abs. 1 UStG
Ort des Umsatzes (§)	München, § 3 Abs. 6 UStG
steuerbar (§)/nicht steuerbar, weil ...	ja, § 1 Abs. 1 Nr. 1 UStG
steuerfrei (ja/nein, §)	nein, kein § 4 UStG
Bemessungsgrundlage (§ und €)	200.000,00 €
Umsatzsteuer (€)	38.000,00 €
abziehbare Vorsteuer (€/§)	

Buchungssatz:

SKR 03	**SKR 04**		Soll	Haben
1410	1210	Ford. a. LL.	238.000,00 €	
		an		
8000	4000	Erlöse		200.000,00 €
1770	3800	Umsatzsteuer		38.000,00 €

Gewinnerhöhung +200.000,00 €

b) Abholung Wanderschuhe am letzten Messetag:

Art des Umsatzes (§)	Lieferung, § 3 Abs. 1 UStG
Ort des Umsatzes (§)	Bern (Schweiz),
steuerbar (§)/nicht steuerbar, weil ...	§ 3 Abs. 6 UStG
steuerfrei (ja/nein, §)	nicht steuerbar, kein Inland
Bemessungsgrundlage (§ und €)	
Umsatzsteuer (€)	
abziehbare Vorsteuer (€/§)	

Buchungssatz:

SKR 03	SKR 04			
1200	1800	Bank	3.215,98 €	
		an		
8338	4338	Erlöse aus im Drittland steuerbaren Leistungen		2.975,00 €
1754	3854	Steuerzahlungen an andere Länder		240,98 €

Gewinnauswirkung:

Gewinnerhöhung +2.975,00 €

c) Lieferung von München in die Schweiz:

Art des Umsatzes (§)	Lieferung, § 3 Abs. 1
Ort des Umsatzes (§)	München, § 3 Abs. 6
steuerbar (§)/nicht steuerbar, weil ...	ja, § 1 Abs. 1 Nr. 1
steuerfrei (ja/nein, §)	ja, Ausfuhr, § 4 Nr. 1 a) i. V. m. § 6 UStG
Bemessungsgrundlage (§ und €)	(5.950,00 €)
Umsatzsteuer (€)	
abziehbare Vorsteuer (€/§)	

Buchungssatz:

SKR 03	SKR 04		Soll	Haben
1410	1210	Forderungen a. LL.	5.950,00 €	
		an		
8120	4120	Steuerfreie Umsätze		5.950,00 €
		§ 4 Nr. 1a UStG		

Buchungssatz:

SKR 03	SKR 04		Soll	Haben
1410	1210	Forderungen a. LL.	5.950,00 €	
		an		
8120	4120	Steuerfreie Umsätze		5.950,00 €
		§ 4 Nr. 1a UStG		

Gewinnauswirkung:

Gewinnerhöhung +5.950,00 €

d) **Lieferung von Frankreich nach München (innergemeinschaftlicher Erwerb):**

Art des Umsatzes (§)	Innergemeinschaftlicher Erwerb,
Ort des Umsatzes (§)	§ 1a Abs. 1 UStG
steuerbar (§)/nicht steuerbar, weil ...	Inland (München), § 3d UStG
steuerfrei (ja/nein, §)	ja, § 1 Abs. 1 Nr. 5 UStG
Bemessungsgrundlage (§ und €)	nein, kein § 4b UStG
Umsatzsteuer (€)	11.900,00 €,
abziehbare Vorsteuer (€/§)	§ 10 Abs. 1 UStG
	2.261,00 €
	2.261,00 €,
	§ 15 Abs. 1 Nr. 3 UStG

Buchungssatz:

SKR 03	SKR 04		Soll	Haben
3420	5425	Innergemeinschaftlicher Erwerb	11.900,00 €	

		an		
1610	3310	Verb. a. LL.		11.900,00 €
1572	1402	Abz. Vorsteuer aus innergem. Erwerb	2.261,00 €	
		an		
1772	3802	Umsatz- steuer aus innergem. Erwerb		2.261,00 €

Gewinnauswirkung:

Gewinnminderung –11.900,00 €

e) Versicherungsschaden:

Art des Umsatzes (§)	keine Leistung,
Ort des Umsatzes (§)	echter Schadensersatz
steuerbar (§)/nicht steuerbar, weil ...	
steuerfrei (ja/nein, §)	nicht steuerbar
Bemessungsgrundlage (§ und €)	
Umsatzsteuer (€)	
abziehbare Vorsteuer (€/§)	

Buchungssatz:

SKR 03	SKR 04		Soll	Haben
1200	1800	Bank	1.190,00 €	
		an		
2742	4970	Versicherungs- entschädigung		1.190,00 €

Gewinnauswirkung:

Gewinnerhöhung +1.190,00 €

f) Warenverkauf an Sohn unter Einkaufspreis:

Art des Umsatzes (§)	Lieferung, § 3 Abs. 1 UStG
Ort des Umsatzes (§)	München, § 3 Abs. 6 UStG
steuerbar (§)/nicht steuerbar, weil ...	ja, § 1 Abs. 1 Nr. 1 UStG
steuerfrei (ja/nein, §)	nein, kein § 4 UStG
Bemessungsgrundlage (§ und €)	2.500,00 €,
Umsatzsteuer (€)	§ 10 Abs. 5 i. V. m. Abs. 4 UStG
abziehbare Vorsteuer (€/§)	475,00 €

Buchungssatz:

SKR 03	SKR 04		Soll	Haben
1000	1600	Kasse	2.380,00 €	
		an		
8000	4000	Erlöse		2.380,00 €
1800	2100	Privatentnahme	475,00 €	
		an		
1770	3800	Umsatzsteuer		475,00 €

Gewinnauswirkung:

Gewinnerhöhung +2.380,00 €

g) Entnahme aus dem Warensortiment:

Art des Umsatzes (§)	Unentgeltliche Lieferung, § 3 Abs. 1b Nr. 1 UStG
Ort des Umsatzes (§)	München, § 3 Abs. 6 UStG
steuerbar (§)/nicht steuerbar, weil ...	ja, § 1 Abs. 1 Nr. 1 UStG
steuerfrei (ja/nein, §)	nein, kein § 4 UStG

Bemessungsgrundlage (§ und €)	200,00 €, § 10 Abs. 4 UStG
Umsatzsteuer (€)	38,00 €
abziehbare Vorsteuer (€/§)	

Buchungssatz:

SKR 03	SKR 04		Soll	Haben
1800	2100	Privatentnahme	238,00 €	
		an		
8940	4680	Unentgeltl. Zuwendungen von Waren mit USt.		200,00 €
1770	3800	Umsatzsteuer		38,00 €

Gewinnauswirkung:
Gewinnerhöhung +200,00 €

h) **Entstehung Umsatzsteuer für Anzahlung:**

Gemäß § 13 Abs. 1 Nr. 1 a) S. 4 UStG entstand die Umsatzsteuer mit Ablauf des Voranmeldungszeitraumes Juli. Aufgrund des Prinzips der Mindest-Ist-Besteuerung ist auf den Zeitpunkt der Vereinnahmung der Anzahlung abzustellen.

Buchungssatz:

SKR 03	SKR 04		Soll	Haben
1200	1800	Bank	59.500,00 €	
		an		
1710	3250	Erhaltene Anzahlungen		50.000,00 €
1770	3800	Umsatzsteuer		9.500,00 €

Gewinnauswirkung:
gewinnneutral 0,00 €

i) Schlussrechnung mit Umbuchung der Anzahlung:

Die Umsatzsteuer entsteht mit Ablauf des Voranmeldungszeitraums September aufgrund der Sollbesteuerung gem. § 13 Abs. 1 Nr. 1 a) S. 1 UStG. Der Zeitpunkt der Rechnungserstellung (Oktober) ist nicht entscheidend. Die Umsatzsteuer entsteht in Höhe von 9.500,00 €.

Buchung der Rechnung:

SKR 03	SKR 04		Soll	Haben
1410	1210	Ford. a. LL.	119.000,00 €	
		an		
8000	4000	Erlöse		100.000,00 €
1770	3800	Umsatz-steuer		19.000,00 €

Gewinnauswirkung:

Gewinnerhöhung +100.000,00 €

Umbuchung der Anzahlung:

SKR 03	SKR 04		Soll	Haben
1710	3250	Erhaltene Anzahlungen	50.000,00 €	
1770	3800	Umsatzsteuer	9.500,00 €	
		an		
1410	1210	Ford. a. LL.		59.500,00 €

Gewinnauswirkung:

gewinnneutral 0,00 €

j) Errichtung Lagerhalle/Zweckbau GmbH:

Art des Umsatzes (§)	Werklieferung,
Ort des Umsatzes (§)	§ 3 Abs. 4 UStG
steuerbar (§)/nicht steuerbar, weil ...	München,
steuerfrei (ja/nein, §)	§ 3 Abs. 7 S. 1 UStG
Bemessungsgrundlage (§ und €)	ja, § 1 Abs. 1 Nr. 1 UStG
Umsatzsteuer (€)	nein, kein § 4 UStG
abziehbare Vorsteuer (€/§)	197.479,00 €,
	§ 10 Abs. 1 UStG
	37.521,00 €

k) Vertriebskonzept für Österreich:

Art des Umsatzes der Hubertus-Unternehmens-beratung (§)	Sonstige Leistung, § 3 Abs. 9 UStG
Ort des Umsatzes (§)	München, § 3a Abs. 2 UStG
steuerbar (§)/nicht steuerbar, weil ...	ja, § 1 Abs. 1 Nr. 1 UStG
steuerfrei (ja/nein, §)	nein, kein § 4 UStG
Steuerschuldner (Name, §)	Leistungsempfänger Ohnesorg, § 13b Abs. 1 i. V. Abs. 5 UStG
Bemessungsgrundlage (§ und €)	2.380,00 €, § 10 Abs. 1 UStG
Umsatzsteuer (€)	452,20 €
abziehbare Vorsteuer (€/§)	452,20 €, § 15 Abs. 1 Nr. 4 UStG
Entstehung der Umsatz-steuer (wann, §)	mit Ablauf des Voranmel-dungszeitraums, in dem die Leistungen ausgeführt worden sind

Buchungssatz:

SKR 03	SKR 04		Soll	Haben
4900	3250	Sonstige betriebliche Aufwendungen	2.380,00 €	
		an		
1610	3310	Verb. a. LL.		2.380,00 €
1578	1408	Abz. VorSt. § 13b	452,20 €	
		an		
1785	3835	USt. § 13b		452,20 €

Aufg. 89 **Pkw-Gestellung:**

Art des Umsatzes (§)	Sonstige Leistung (tausch-ähnlicher Umsatz), § 3 Abs. 9 i. V. m. § 3 Abs. 4 UStG

Ort des Umsatzes (§)	Bad Doberan, § 3a Abs. 3 Nr. 2 S. 3 UStG
steuerbar (§)/nicht steuerbar, weil ...	ja, § 1 Abs. 1 Nr. 1 UStG
steuerfrei (ja/nein, §)	nein, kein § 4 UStG
Bemessungsgrundlage (§ und €)	5.163,03 €, § 10 Abs. 1 i. V. m. Abs. 2 S. 2,3 UStG
Umsatzsteuer (€)	980,97 €
abziehbare Vorsteuer (€/§)	

Nebenrechnung:

Bruttolistenpreis zum Zeitpunkt der Erstzulassung	32.099,00 €
abgerundet auf volle Hundert	32.000,00 €
Privatfahrten 1 % · 32.000,00 € · 12 Monate	3.840,00 €
Fahrten Wohnung – erste Tätigkeitsstätte	
0,03 % · 32.000,00 € · 20 km · 12 Monate	2.304,00 €
geldwerter Vorteil	6.144,00 €
daraus 19 % USt.	980,97 €
Bemessungsgrundlage USt.	5.163,03 €

Aufg. 90

Bei einem Einspruch prüft das Finanzamt gem. § 367 Abs. 2 AO den Steuerfall in vollem Umfang. Daher kann es zu einer sog. Verböserung kommen. Es werden dann nicht nur die gezahlten Kirchensteuern als Sonderausgaben zugunsten der Steuerpflichtigen berücksichtigt, sondern auch die zu niedrig angesetzten Einkünfte aus selbstständiger Arbeit zulasten der Steuerpflichtigen korrigiert.

Dieses kann Frau Viarbila durch einen genau begründeten Antrag auf schlichte Änderung gem. § 172 Abs. 1 S. 1 Nr. 2 a) AO weitestgehend verhindern. Dieser Antrag ist innerhalb der Einspruchsfrist zu stellen.

Das Finanzamt darf den Steuerbescheid aufgrund des Antrags auf schlichte Änderung nur in dem von Frau Viarbila genau bestimmten Umfang und zu ihren Gunsten ändern.

Hinweis: Allerdings kann das Finanzamt gem. § 177 Abs. 2 AO die Einkünfte aus selbstständiger Arbeit um 550,00 € erhöhen. § 177 AO ist eine Regelung in Bezug auf Wertgrenzen und keine eigenständige Korrekturvorschrift.

Aufg. 91

Berechnung der Einspruchsfrist:

Bescheid-Datum/ Aufgabe zur Post	14. Jan. 2025	Dienstag
vier Tage Zugangsfiktion gem. § 122 Abs. 2 Nr. 1 AO	18. Jan. 2025	Samstag
Verschiebung auf den nächsten Werktag gem. § 109 Abs. 3 AO = Bekanntgabe	20. Jan. 2025	Montag
Fristbeginn	21. Jan. 2025	Beginn Dienstag (00:00 Uhr)
Fristdauer § 355 Abs. 1 AO	1 Monat	
Fristende	20. Feb. 2025	Ablauf Donnerstag (24:00 Uhr)

D Sachverhalte im Zusammenhang mit Finanzbuchhaltungen, Entgeltabrechnungen und Jahresabschlüssen bearbeiten – LÖSUNGEN

Aufg. 92

Berechnung geldwerter Vorteil:

Bruttolistenpreis zum Zeitpunkt der Erstzulassung	36.000,00 €
Sonderausstattung	1.190,00 €
Summe	37.190,00 €
abgerundet auf volle Hundert	37.100,00 €
Privatfahrten 1 % · 37.100,00 €	371,00 €
Fahrten Wohnung – erste Tätigkeitsstätte 0,03 % · 37.100,00 € · 25 km	278,25 €
geldwerter Vorteil	649,25 €
daraus 19 % USt.	103,66 €
Bemessungsgrundlage USt.	545,59 €

Buchungssatz:

SKR 03	SKR 04		Soll	Haben
4100	6000	Löhne u. Gehälter	4.249,25 €	
		an		
1200	1800	Bank		2.400,04 €
1741	3730	Verb. LSt./KiSt.		415,63 €
1742	3740	Verb. i. R. d. soz. Sich.		784,33 €
8595		Verr. s. Sb. mit USt.		545,59 €
1770	3800	Umsatzsteuer		103,66 €
4130	6110	Ges. soz. Aufwendungen	774,56 €	
		an		
1742	3740	Verb i. R. d. soz. Sich.		774,56 €

Aufg. 93

Buchung Gehaltsabrechnung:

SKR 03	SKR 04		Soll	Haben
4100	6000	Löhne u. Gehälter	5.800,00 €	
4175	6090	Fahrtkostenerstattung LSt-pflichtig	230,00 €	
		an		
1200	1800	Bank		2.846,78 €
1741	3730	Verb. LSt./KiSt.		1.611,84 €
1742	3740	Verb. i. R. d. soz. Sich.		1.071,35 €
1530	1340	Ford. gegen Personal		500,00 €
4130	6110	Ges. soz. Aufwendungen	1.126,99 €	
		an		
1742	3740	Verb i. R. d. soz. Sich.		1.126,99 €

Aufg. 94

Berechnung und Buchung pauschale Lohnsteuer:

pauschale LSt., § 40 Abs. 2 EStG	15 % · 230,00 € =	34,50 €
Solidaritätszuschlag, § 4 S. 3 SolzG	5,5 % · 34,50 € =	1,89 €
pauschale KiSt.	7 % · 34,50 € =	2,41 €
		38,80 €

SKR 03	SKR 04		Soll	Haben
4149	6069	Pauschale Lohnsteuer auf sonstige Bezüge	38,80 €	
		an		
1741	3730	Verb. LSt./KiSt.		2.846,78 €

Aufg. 95

Korrekturbuchung:

SKR 03	SKR 04		Soll	Haben
0090	0240	Gebäude	164.000,00 €	
		an		
0085	0235	Grundstücks-werte bebauter Grundstücke		164.000,00 €

Gewinnauswirkung:

gewinnneutral 00,00 €

Aufteilung und Buchung der Anschaffungsnebenkosten:

Grund und Boden = 36.000,00 € : 200.000,00 € = 18 %

Gebäude = 164.000,00 € : 200.000,00 € = 82 %

Anschaffungsnebenkosten:

Notargebühren für den Kaufvertrag (netto)	3.000,00 €
Grundbuchgebühren zur Eintragung der Eigentümerverhältnisse	500,00 €
Grunderwerbsteuer	10.000,00 €
Summe	13.500,00 €
Grundstück 18 % · 13.500,00 € =	2.430,00 €
Gebäude 82 % · 13.500,00 € =	11.070,00 €
USt. = abz. VorSt. = 19 % · 3.000,00 € =	570,00 €

Buchungssatz:

SKR 03	SKR 04		Soll	Haben
0090	0240	Gebäude	11.070,00 €	
0085	0235	Grundstücks-werte bebauter Grundstücke	2.430,00 €	
1570	1400	abz. Vorsteuer	570,00 €	164.000,00 €
		an		
1700	3500	sonst. Verbindlichkeiten		14.070,00 €

Gewinnauswirkung:

gewinnneutral 00,00 €

Ermittlung und Buchung Gebäude-AfA:

Anschaffungskosten Gebäude

Kaufpreis	164.000,00 €
Anschaffungsnebenkosten	13.500,00 €
	177.500,00 €
AfA-Satz für Betriebsgebäude =	3 %
Jahres-AfA =	5.325,00 €
Zeitanteilig für 1 Monat = 1/12 · 5.325,00 € =	443,75,00 €

Buchungssatz:

SKR 03	SKR 04		Soll	Haben
4830	6220	Abschr. auf Sachanlagen	443,75 €	
		an		
0090	0240	Gebäude		443,75 €

Gewinnauswirkung:

Gewinnminderung – 443,75 €

Aufg. 96

Ermittlung Anschaffungskosten Gabelstapler (neu):

Anschaffungspreis	25.000,00 €
– Anschaffungspreisminderungen Rabatt = 10 % · 25.000,00 € = –Skonto = 2 % · 22.500,00 € =	 – 2.500,00 € – 450,00 €
+ Anschaffungsnebenkosten	300,00 €
	22.350,00 €

Abgang Gabelstapler (alt):

Buchwert zum 01.01.2024	6.000,00 €
AfA bis Abgang = Jahres-AfA linear	4.000,00 €
AfA bis Abgang (Der Monat des Abganges wird nicht mitgezählt.) → AfA Jan. – Sept. = 9 Monate = 9/12 =	– 3.000,00 €

Restbuchwert zum Zeitpunkt des Abganges (Okt.) =	3.000,00 €
Erlös 2.500,00 € ist kleiner als RBW zum Zeitpunkt des Abganges → Buchverlust	

Aufg. 97

Buchung AfA Gabelstapler alt:

SKR 03	SKR 04		Soll	Haben
4830	6220	Abschr. auf Sachanlagen	3.000,00 €	
		an		
0320	0520	Fuhrpark		3.000,00 €

Aktivierung neuer Gabelstapler (Zugangsbewertung):

SKR 03	SKR 04		Soll	Haben
0320	0520	Fuhrpark	22.500,00 €	
1570	1400	abz. Vorsteuer	4.275,00 €	
		an		
1610	3310	Verb. a. LL.		26.775,00 €

Aktivierung der Anschaffungsnebenkosten:

SKR 03	SKR 04		Soll	Haben
0320	0520	Fuhrpark	300,00 €	
1570	1400	abz. Vorsteuer	57,00 €	
		an		
1000	1600	Kasse		357,00 €

Abgang alter Gabelstapler:

SKR 03	SKR 04		Soll	Haben
2310	6895	Anlagenabgang b. Buchverlust	3.000,00 €	
		an		
0320	0520	Fuhrpark		3.000,00 €

Anschaffungspreisminderung 2 % vom geminderten Netto-Kaufpreis =

2 % · 22.500,00 € = 450,00 €

Korrektur abziehbare Vorsteuer = 450,00 € · 19 % = 85,50 €

Buchungssatz:

SKR 03	SKR 04		Soll	Haben
1610	3310	Verb. a. LL.	535,50 €	
		an		
0320	0520	Fuhrpark		450,00 €
1570	1400	abz. Vorsteuer		85,50 €

Gewinnauswirkung:

gewinnneutral 0,00 €

Bezahlung des neuen Gabelstaplers unter Inzahlunggabe Gabelstapler (alt):

SKR 03	SKR 04		Soll	Haben
1610	3310	Verb. a. LL.	26.239,50 €	
		an		
0320	0520	Bank		23.264,50 €
1570	1400	Erlöse aus Anl. Verk. bei Buchverlust		2.500,00 €
1770	3800	Umsatzsteuer		475,00 €

Gewinnauswirkung:

gewinnneutral 0,00 €

Abschreibung Gabelstapler neu Okt. bis Dez. 2024:

Jahres-AfA linear = AK : Nutzungsdauer = 22.350,00 € : 9 Jahre =	2.483,33 €
Zeitanteilig Okt. – Dez. = 3/12 · 2.483,33 € =	620,83 €

Buchungssatz:

SKR 03	SKR 04		Soll	Haben
4830	6220	Abschr. auf Sachanlagen	620,83 €	
		an		
0320	0520	Fuhrpark		620,83 €

Gewinnauswirkung:

Gewinnminderung –620,83 €

Aufg. 98

Berechnung der zu aktivierenden Herstellungskosten (Wertuntergrenze):

Materialeinzelkosten	6.000,00 €
Materialgemeinkostenzuschlag	1.800,00 €
Einzelkosten der Fertigung	3.400,00 €
Fertigungsgemeinkostenzuschlag	2.720,00 €
Wertuntergrenze	13.920,00 €
Verwaltungskosten (Ansatzwahlrecht; kein Ansatz, da niedriger Gewinn gewünscht)	0,00 €

Rechtsgrundlage: § 255 Abs. 2 S. 2 HGB

Aufg. 99

Buchungssatz:

SKR 03	SKR 04		Soll	Haben
0240	0440	Maschinen	13.920,00 €	
		an		
8990	4820	Andere aktivierte Eigenleistungen		13.920,00 €

Gewinnauswirkung:

Gewinnerhöhung +13.920,00 €

Aufg. 100

Berechnung der handelsrechtlichen Abschreibung (linear):

Herstellungskosten / Nutzungsdauer · zeitanteilig

13.920,00 € / 4 Jahre · 5/12 = 2.610,00 €

Aufg. 101

Buchungen zweifelhafte Forderung Schall GmbH:

Hinweis: Laut Sachverhalt wurde diese Forderung bisher nur von den einwandfreien Forderungen auf die zweifelhaften Forderungen umgebucht. Eine Einzelwertberichtigung erfolgte nicht. Der Differenzbetrag ist daher in voller Höhe als Forderungsverlust zu buchen. Es ist keine Einzelwertberichtigung durch eine Ertragsbuchung (2731/4923 Erträge aus Auflösung von Einzelwertberichtigungen zu Forderungen) zu korrigieren.

Buchungssatz:

SKR 03	SKR 04		Soll	Haben
2400	6930	Forderungsverluste	6.823,53 €	
1770	3800	Umsatzsteuer	1.296,47 €	
		an		
1460	1240	Zweifelhafte Forderungen		8.120,00 €

Gewinnauswirkung:

Gewinnminderung –6.823,53 €

Aufg. 102

Einzelwertberichtigung der Forderung gegenüber dem Kunden Arian Mops:

Umbuchung der Forderung auf zweifelhafte Forderungen (Bruttobetrag):

SKR 03	SKR 04		Soll	Haben
1460	1240	Zweifelhafte Forderungen	3.480,00 €	
		an		
1410	1210	Ford. a. LL.		3.480,00 €

Gewinnauswirkung:

gewinnneutral 0,00 €

Einzelwertberichtigung in Höhe von 80 % der Nettoforderung:

Nettoforderung = 3.480,00 € : 1,19 = 2.924,37 €

Einzelwertberichtigung = 2.924,37 € · 80 % = 2.339,50 €

Buchungssatz:

SKR 03	SKR 04		Soll	Haben
2451	6923	Einstellung Einzelwertberichtigung zu Ford.	2.339,50 €	
		an		
0998	1246	Einzelwertberichtigung zu Ford.		2.339,50 €

Gewinnauswirkung:

Gewinnminderung –2.339,50 €

Aufg. 103

Ermittlung und Buchung der Pauschalwertberichtigung:

Forderungsbestand ausländische Forderungen (USt-fei) Forderung Stadt Rostock kein Ausfallrisiko	250.000,00 € – 40.000,00 € –18.000,00 €
= zu korrigierender Brutto-Forderungsbestand – 19 % USt. = 192.000,00 € · 19/119 =	192.000,00 € – 30.655,46 €
= netto Forderungen + ausländische Forderungen (USt-frei)	161.344,54 € 40.000,00 €
= zu korrigierender Netto-Forderungsbestand (Bemessungsgrundlage für PWB) · 3 % = PWB neu – PWB alt	201.344,54 € 6.040,34 € – 6.200,00 €
= Anpassungsbetrag	159,66 €

Die Pauschalwertberichtigung ist um 159,66 € herabzusetzen.

Buchungssatz:

SKR 03	SKR 04		Soll	Haben
0996	1248	Pauschalwertberichtigung zu Forderungen	159,66 €	
		an		
2730	4920	Erträge aus der Herabsetzung PWB		159,66 €

Gewinnauswirkung:

Gewinnerhöhung +159,66 €

Aufg. 104

Buchungssatz:

SKR 03	SKR 04		Soll	Haben
4950	6825	Rechts- und Beratungskosten	3.000,00 €	
		an		
0970	3070	Sonstige Rückstellungen		3.000,00 €

Gewinnauswirkung:

Gewinnminderung –3.000,00 €

Aufg. 105

Buchungssatz:

SKR 03	SKR 04		Soll	Haben
1200	1800	Bank	4.200,00 €	
		an		
0970	3070	Grundstückserträge		2.100,00 €
0990	3900	Passive Rechnungsabgrenzung		2.100,00 €

Gewinnauswirkung:

Gewinnerhöhung +2.100,00 €

Aufg. 106

Buchungssatz:

SKR 03	SKR 04		Soll	Haben
4809	6490	Instandsetzungsaufwendungen	4.250,00 €	
		an		
0971	3075	RSt. für unterlassene Aufwendungen für Instands.		4.250,00 €

Rechtsgrundlagen:

→ Handelsrecht: § 249 Abs. 1 Nr. 1 HGB

→ Steuerrecht: Im Steuerrecht ist die handelsrechtliche Vorschrift aufgrund des Grundsatzes der Maßgeblichkeit gem. § 5 Abs. 1 S. 1 EStG entsprechend anzuwenden.

Hinweis: Die Instandsetzungen sind im folgenden Geschäftsjahr innerhalb von drei Monaten nachzuholen.

Gewinnauswirkung:

Gewinnminderung –4.250,00 €

Aufg. 107

Buchung der Darlehnsaufnahme:

SKR 03	SKR 04		Soll	Haben
1200	1800	Bank	147.000,00 €	
0986	1940	Damnum/ Disagio	3.000,00 €	
		an		
0650	3150	Verb. gegenüber Kreditinstituten		150.000,00 €

Gewinnauswirkung:

gewinnneutral 0,00 €

Buchung Zinsaufwand und Auflösung Damnum für einen Monat:

Zinsen für einen Monat = 150.000,00 € · 3,5 % · 1/12 = 437,50 €

Auflösung Damnum = 3.000,00 € : 8 Jahre · 1/12 = 31,25 €

SKR 03	SKR 04		Soll	Haben
1200	1800	Zinsen und ähnliche Aufwendungen	147.000,00 €	
0986	1940	Damnum/ Disagio		
		an		
0650	3150	Verb. gegenüber Kreditinstituten		150.000,00 €

SKR 03	SKR 04		Soll	Haben
1200	1800	Zinsen und ähnliche Aufwendungen	437,50 €	
0986	1940	Damnum/ Disagio	31,25 €	
		an		
0650	3150	Verb. gegenüber Kreditinstituten		468,75 €
1700	3500	Alternativ Sonst. Verbindlichkeiten		

Gewinnauswirkung:

Gewinnminderung –468,75 €

Aufg. 108

Berechnung nach dem Durchschnittsverfahren:

	Stück	Stück-preis	Gesamt
Anfangsbestand zum 01.01.2024	**600**	**0,80 €**	**480,00 €**
Zugang 20.01.2024	2.000	0,90 €	1.800,00 €
Zugang 20.04.2024	3.000	0,95 €	2.850.00 €
Zugang 03.08.2024	4.000	0,90 €	3.600,00 €
Zugang 20.10.2024	2.000	1,00 €	2.000,00 €
Zugang 10.11.2024	1.500	0,90 €	1.350,00 €
Zugang 20.12.2024	1.000	0,85 €	850,00 €
Summen	14.100		12.930,00 €

Durchschnittswert = 14.100 Stück zu 12.930,00 €

Stückpreis zum 31.12. = 0,92 €/Stück.

Ermittlung Schlussbestand zum 31.12.:

Bestand zum 20.01.2025	1.650
+ Verkäufe	250
Bestand zum 31.12.2024	1.900

Bewertung: 1.900 Stück · 0,92 €/Stück = 1.748,00 €

Aufg. 109

Bewertung nach dem Lifo-Verfahren:

Der Schlussbestand von 1.900 Stück setzt sich zusammen aus

600 Stück zu 0,80 €/Stück = 480,00 € und

1.300 Stück zu 0,90 €/Stück = 1.170,00 €.

Der Schlussbestand ist damit mit 1.650,00 € zu bewerten.

Aufg. 110

Beide Bewertungsverfahren sind zulässig. Nach beiden Verfahren ist ein Wert anzusetzen, der unter dem Marktpreis zum Abschluss-Stichtag liegt. Es gilt damit nicht das strenge Niederstwertprinzip.

Da ein möglichst niedriger Gewinn erreicht werden soll, sollte sich der Mandant für eine Bewertung nach dem Lifo-Verfahren entscheiden.

Aufg. 111

Buchung des Erwerbsvorganges:

SKR 03	SKR 04		Soll	Haben
0410	0650	BGA	1.326,00 €	
1570	1400	Abz. Vorsteuer	251,94 €	
		an		
1610	3310	Verb. a. LL.		1.577,94 €

Bezahlung nach 10 Tagen unter Skontoabzug (Anschaffungspreisminderung):

SKR 03	SKR 04		Soll	Haben
1610	3310	Verb. a. LL.	1.577,94 €	
		an		
1200	1800	Bank		1.546,38 €
0410	0650	BGA		26,52 €
1570	1400	Abz. Vorsteuer		5,04 €

Aufg. 112

Ermittlung des handelsrechtlichen Bilanzansatzes zum 31.12.2024:

Lineare Abschreibung = AK : Nutzungsdauer · Zeitanteil

(1.326,00 € – 26,52 €) : 5 Jahre · 5/12 = 108,29 €

Handelsrechtlicher Wertansatz zum 31.12.2024:

AK – zeitanteilige Abschreibung = 1.191,19 €

Aufg. 113

Steuerrechtlicher Wertansatz zum 31.12.2024 unter Berücksichtigung des gebildeten IABs:

Für die Inanspruchnahme des IABs erfolgt eine außerbilanzielle Hinzurechnung (Gewinnkorrektur) in Höhe von 50 % der Anschaffungskosten des Wirtschaftsguts, maximal des gebildeten IABs.

50 % · 1.299,48 € = 649,74 €

Es ist keine Buchung erforderlich.

Gewinnauswirkung:

Gewinnerhöhung +649,74 €

Dann Kürzung der Anschaffungskosten durch Aufwandsbuchung:

SKR 03	SKR 04		Soll	Haben
4853	6243	AK-Kürzung § 7g Abs. 2	649,74 €	
		an		
0410	0650	BGA		649,74 €

Gewinnauswirkung:

Gewinnminderung –649,74 €

Neue AfA-Bemessungsgrundlage = AK – AK-Kürzung

= 1.299,48 € – 649,74 € = 649,74 €

Damit handelt es sich bei dem neuen Wirtschaftsgut aufgrund der Kürzung der Anschaffungskosten um ein GwG!

Umbuchung von BGA auf GwG:

SKR 03	SKR 04		Soll	Haben
0480	0670	GwG	649,74 €	
		an		
0410	0650	BGA		649,74 €

Für den steuerrechtlichen Wertansatz zum 31.12.2024 ist noch die GwG-Sofortabschreibung vorzunehmen.

Buchungssatz:

SKR 03	SKR 04		Soll	Haben
4855	6260	GwG Sofortabschreibung	649,74 €	
		an		
0480	0670	GwG		649,74 €

Gewinnauswirkung:

Gewinnminderung –649,74 €

Steuerrechtlicher Wertansatz zum 31.12.2024 = 0,00 €, GwG Vollabschreibung.

Aufg. 114

Buchungssatz:

SKR 03	SKR 04		Soll	Haben
4360	6400	Versicherungen	500,00 €	
0980	1900	ARAP	700,00 €	
		an		
1200	1800	Bank		1.200,00 €

Gewinnauswirkung:

Gewinnminderung –500,00 €

Es darf nur der auf das Jahr 2024 entfallende Betrag als Aufwand gebucht werden.

Aufg. 115

Es liegt eine dauerhafte Wertminderung vor, daher

→ Wertansatz in der Handelsbilanz 90.000,00 € gem. § 253 Abs. 3 HGB (Mussvorschrift)

→ Wertansatz in der Steuerbilanz ebenfalls 90.000,00 € gem. § 6 Abs. 1 Nr. 2 S. 2 EStG; allerdings Kannvorschrift.

Dieser Wertansatz wird in der Steuerbilanz gewählt, da ein möglichst niedriger Gewinn gewünscht ist.

Buchungssatz:

SKR 03	SKR 04		Soll	Haben
4840	6230	Außerplanmäßige Abschr. auf Sachanlagen	10.000,00 €	
		an		
0085	0235	Bebaute Grundstücke		10.000,00 €

Gewinnauswirkung handels- und steuerrechtlich:

Gewinnminderung –10.000,00 €

Aufg. 116

Buchung des Verspätungszuschlages zur Gewerbesteuer:

SKR 03	SKR 04		Soll	Haben
4397	6437	Steuerl. nicht abzugsf. Verspätungszuschl.	200,00 €	
		an		
1200	1800	Bank		200,00 €

Berechnung und Buchung der Gewerbesteuerrückstellung zum 31.12.2024:

Erwartete GewSt. – Vorauszahlungen = Rückstellung

14.450,00 € – 4 · 3.200,00 € = 1.650,00 €

SKR 03	SKR 04		Soll	Haben
4320	7610	Gewerbesteuer	1.650,00 €	
		an		
0956	3035	GewSt-Rückstellung		1.650,00 €

Handelsrechtliche und steuerrechtliche Gewinnauswirkungen der GewSt gem. § 4 Abs. 5b EStG:

Der **handelsrechtliche** Gewinn sinkt um (1.650,00 € + 200,00 € =) 1.850,00 €, da der Verspätungszuschlag und die Gewerbesteuer betrieblich veranlasst sind und damit Aufwendungen darstellen.

Auf den **steuerrechtlichen** Gewinn haben die Buchungen der Gewerbesteuer und des Verspätungszuschlages keine Auswirkung, da es sich hierbei gem. § 4 Abs. 5b EStG seit dem VZ 2008 um nicht abzugsfähige Betriebsausgaben handelt.

Aufg. 117

Ermittlung des Privatanteils der **Telefongebühren** und Buchung der Telefonrechnung vom **10.01.2025** zum **31.12.2024:**

Telefongebühren brutto	428,40 €
Privatanteil 10 % brutto	42,84 €
Betriebsausgaben brutto	385,56 €
Betriebl. Telefongebühren netto	324,00 €
USt./VorSt.	61,56 €

SKR 03	SKR 04		Soll	Haben
4320	7610	Telefon	324,00 €	
1548	1434	VorSt. im Folgejahr abziehbar	61,56 €	
1800	2100	Privatentnahmen	42,84 €	
		an		
1200	1800	Bank		428,40 €

Gewinnauswirkung:

Gewinnminderung –324,00 €

Hinweis: Es handelt sich um Aufwendungen für das Wirtschaftsjahr 2024. Allerdings ist die Umsatzsteuer als Vorsteuer erst in 2025 abzugsfähig, da erst im Januar 2025 die Rechnung vorliegt!

Aufg. 118

Ermittlung des jährlichen Privatanteils der **Kosten an der Telefonanlage** und Buchung der privaten Verwendung der Anlage (AfA-Korrektur) zum 31.12.2024:

Jahres-AfA Telefonanlage	680,00 €
Privater Nutzungsanteil 10 %	68,00 €
private Nutzung = sonstige Leistung gem. § 3 Abs. 9a UStG, die steuerbar und steuerpflichtig ist → 68,00 € · 19 % USt. =	12,92 €

SKR 03	SKR 04		Soll	Haben
1800	2100	Privatentnahmen	80,92 €	
		an		
8920	4640	Verwendung von Gegenst. für Zwecke außerh. des Untern. mit USt.		68,00 €
1770	3800	Umsatzsteuer		12,92 €

Gewinnauswirkung:

Gewinnerhöhung +68,00 €

Aufg. 119

Handelsrechtlich sind Rückstellungen für drohende Verluste aus schwebenden Geschäften aufgrund des Vorsichtsprinzips/Gläubigerschutzes gem. § 249 Abs. 1 HGB zu bilden.

SKR 03	SKR 04		Soll	Haben
4900	6300	Sonstige betriebl. Aufwendungen	13.000,00 €	
		an		
0970	4640	Sonstige Rückstellungen		13.000,00 €

Gewinnauswirkung handelsrechtlich:

Gewinnminderung –13.000,00 €

Aufg. 120

Steuerrechtlich dürfen gem. § 5 Abs. 4a EStG keine Rückstellungen für drohende Verluste aus schwebenden Geschäften gebildet werden. Es darf daher keine Buchung erfolgen.

Gewinnauswirkung steuerrechtlich:

keine

Aufg. 121

Ermittlung der Bestandsveränderung und Buchung in der **Handelsbilanz:**

Nach dem „strengen Niederstwertprinzip" gem. § 253 Abs. 4 HGB ist der Warenbestand immer mit dem niedrigeren beizulegenden Wert zum Bilanzstichtag anzusetzen.

Anfangsbestand 01.01.2024	200.000,00 €
beizulegender Wert/Teilwert zum 31.12.2024	230.000,00 €
Bestandsmehrung handelsrechtlich	30.000,00 €

SKR 03	SKR 04		Soll	Haben
3980	1140	Warenbestand	30.000,00 €	
		an		
3200	5200	Wareneingang		30.000,00 €

Gewinnauswirkung **handelsrechtlich:**

Gewinnerhöhung +30.000,00 €

Aufg. 122

Ermittlung der Bestandsveränderung und Buchung in der **Steuerbilanz:**

Gemäß § 6 Abs. 1 Nr. 2 EStG ist das Umlaufvermögen (Waren) mit den Anschaffungs- oder Herstellungskosten oder dem an deren Stelle tretenden Wert anzusetzen. Ist der Teilwert aufgrund einer voraussichtlich dauernden Wertminderung niedriger, so kann dieser angesetzt werden. Dieses Wahlrecht besteht hier nicht, da keine voraussichtliche dauernde Wertminderung vorliegt. Der Wert des Warenbestandes erhöht sich vom Bilanzstichtag bis zur Aufstellung der Bilanz.

Anfangsbestand 01.01.2024	200.000,00 €
beizulegender Wert/Teilwert zum Zeitpunkt der Bilanzaufstellung im April 2025	240.000,00 €
Bestandsmehrung steuerrechtlich	40.000,00 €

SKR 03	SKR 04		Soll	Haben
3980	1140	Warenbestand	40.000,00 €	
		an		
3200	5200	Wareneingang		40.000,00 €

Gewinnauswirkung **steuerrechtlich:**

Gewinnerhöhung +40.000,00 €

E Wirtschafts- und Sozialkunde – LÖSUNGEN

Aufg. 123	Formfreiheit
Aufg. 124	Nein, kein Mindestkapital erforderlich
Aufg. 125	Im Innenverhältnis ist jeder Gesellschafter gem. § 116 HGB zur Geschäftsführung berechtigt. Die Befugnis zur Geschäftsführung erstreckt sich auf alle Geschäfte, die der gewöhnliche Betrieb des Handelsgewerbes der Gesellschaft mit sich bringt. Julian Baum war damit berechtigt, das Geschäft vorzunehmen. Nora Tannen hatte kein Widerspruchsrecht. Im Außenverhältnis hat grundsätzlich jeder Gesellschafter gem. § 124 HGB Einzelvertretungsbefugnis. Die Vertretungsmacht erstreckt sich auf alle gewöhnlichen und außergewöhnlichen Geschäfte einschließlich der Veräußerung und Belastung von Grundstücken sowie der Erteilung und des Widerrufs der Prokura (§ 124 Abs. 4 S. 1 HGB). Eine Beschränkung des Umfangs ist Dritten gegenüber unwirksam (§ 124 Abs. 4 S. 2 HGB). Julian Baum war damit auch im Außenverhältnis berechtigt, die Gesellschaft zu vertreten und im Namen der Gesellschaft den Vertrag abzuschließen.
Aufg. 126	Nein, Nora Tannen muss die Forderung begleichen, da beide Gesellschafter unmittelbar, unbeschränkt und gesamtschuldnerisch (solidarisch) haften gem. § 126 HGB.
Aufg. 127	Nein, als Kommanditist wäre Julian Baum gem. § 170 HGB von der Vertretung der Gesellschaft ausgeschlossen. Die KG wird von dem Komplementär gem. § 161 Abs. 2 HGB i. V. m. § 124 HGB vertreten.

Aufg. 128	Kapital: Nora Tannen und Julian Baum jeweils 5.000,00 €.

	Gesamt	Tannen	Baum
Verzinsung Kapital lt. Vertrag (5 %)	500,00 €	250,00 €	250,00 €
Restgewinn	49.500,00 €	24.750,00 €	24.750,00 €
Handelsrechtlicher Gewinn	50.000,00 €	25.000,00 €	25.000,00 €

Aufg. 129	Das Eigenkapital kann als Stammkapital verwendet werden. Der Transporter kann nicht als Stammkapital verwendet werden, da Sacheinlagen gem. § 5a Abs. 2 GmbHG ausgeschlossen sind.
Aufg. 130	Nein, das Musterprotokoll kann gem. § 2 Abs. 1a S. 1 GmbHG bei mehreren Geschäftsführern nicht angewendet werden.
Aufg. 131	Der Gesellschaftsvertrag muss notariell beurkundet sein.
Aufg. 132	Die UG (haftungsbeschränkt) entsteht als juristische Person mit der Eintragung in das Handelsregister.
Aufg. 133	Die UG (haftungsbeschränkt) ist Kaufmann kraft Rechtsform und somit zur Führung einer Firma verpflichtet.
Aufg. 134	Nein, Geldentnahmen für private Zwecke sind nicht erlaubt. Die UG (haftungsbeschränkt) hat keine Privatsphäre. Dieses gilt für alle juristischen Personen.
Aufg. 135	Die Ausschüttung in voller Höhe ist nicht möglich, da 25 % des Jahresüberschusses gem. § 5a Abs. 3 GmbHG in die gesetzliche Rücklage einzustellen sind.
Aufg. 136	Soweit keine vertragliche Regelung vorgesehen ist, ist der Gewinn im Verhältnis der Geschäftsanteile zu verteilen.
Aufg. 137	Nein, Henning Speiche muss nicht zahlen, da er nicht persönlich für die Verbindlichkeiten der Gesellschaft haftet. Nur die UG haftet mit dem Gesellschaftsvermögen.

Aufg. 138	Ja, eine GmbH-Gründung wäre möglich, da die Hälfte des notwendigen Stammkapitals aufgebracht wurde und jeder Gesellschafter mehr als 25 % eingezahlt hat; siehe § 7 Abs. 2 GmbHG.
Aufg. 139	Firma ist gem. § 17 Abs. 1 HGB der Name eines Kaufmanns, unter dem er seine Geschäfte betreibt und unterschreibt.
Aufg. 140	Es sind zu unterscheiden: Personenfirma, Sachfirma, Mischfirma oder Fantasiefirma. Bei der Firmierung darf nicht der Rechtsformzusatz fehlen; siehe § 19 HGB. Beispiel: Reinigung Sonne e. K.
Aufg. 141	Helga Sonne muss den Grundsatz der Firmenunterscheidbarkeit beachten. Sie muss sich von bereits bestehenden Firmen im selben Ort deutlich unterscheiden und ihrer Firma ggf. einen Zusatz beifügen; siehe § 30 Abs. 1, 2 HGB.
Aufg. 142	Ja, dieses ist möglich, da sich ein stiller Gesellschafter gem. § 230 HGB an dem Handelsgewerbe, das ein anderer betreibt, mit einer Vermögenseinlage beteiligt. Eine GmbH betreibt stets ein Handelsgewerbe.
Aufg. 143	Ja, die Beteiligung an einem Verlust kann gem. § 231 Abs. 2 HGB ausgeschlossen werden.
Aufg. 144	Ja, der stille Gesellschafter kann gem. § 233 HGB i. V. m. § 166 HGB wie ein Kommanditist eine Ausfertigung des Jahresabschlusses zu Kontrollzwecken verlangen.
Aufg. 145	Ein atypisch stiller Gesellschafter ist aufgrund seiner Beteiligung an den stillen Reserven des Unternehmens bzw. an einem Liquidationserlös Mitunternehmer und erzielt Einkünfte aus Gewerbebetrieb gem. § 15 EStG. Ein typisch stiller Gesellschafter ist reiner Kapitalgeber und erzielt Einkünfte aus Kapitalvermögen gem. § 20 EStG.
Aufg. 146	Nein, eine Handlungsvollmacht ist nicht in das Handelsregister einzutragen. Sie ist nicht eintragungsfähig.
Aufg. 147	Die Handlungsvollmacht kann gem. § 54 HGB als General-Handlungsvollmacht, Art-Vollmacht (ermächtigt zu bestimmten Arten von Rechtsgeschäften) oder Einzelvollmacht erteilt werden.

Aufg. 148

Gemäß § 54 Abs. 1 HGB erstreckt sich die Handlungsvollmacht auf alle Geschäfte und Rechtshandlungen, die der Betrieb eines derartigen Handelsgewerbes gewöhnlich mit sich bringt.

Zur Veräußerung oder Belastung von Grundstücken, zur Eingehung von Wechselverbindlichkeiten, zur Aufnahme von Darlehn und zur Prozessführung ist der Handlungsbevollmächtigte ohne eine weitergehende Vollmacht nicht ermächtigt; siehe § 54 Abs. 2 HGB.

Aufg. 149

Zulässige Rechtsgeschäfte mit Handlungsvollmacht:

	Ja	Nein
Einstellung eines weiteren Mitarbeiters für den Verkauf	×	
Erteilung einer Artvollmacht an eine Mitarbeiterin zur Gewährung von Preisnachlässen bei Reklamationen	×	
Unterzeichnung der Bilanz in Abwesenheit von Frau Kleinert		×
Vertragsabschluss mit einem Lieferanten über Schreibwarenartikel	×	
Aufnahme eines Darlehns für das Unternehmen		×
Kauf eines Grundstücks für das Unternehmen		×

Aufg. 150

Ja, die Handlungsvollmacht ist sowohl im Innen- als auch im Außenverhältnis gem. § 54 Abs. 3 HGB beschränkbar, soweit ein Dritter diese Beschränkung kannte oder kennen musste.

Aufg. 151

Nein, er darf nicht mit „ppa“ unterschreiben, denn gem. § 57 HGB hat ein Handlungsbevollmächtigter sich bei der Zeichnung jedes eine Prokura andeutenden Zusatzes zu enthalten; er hat mit einem, das Vollmachtsverhältnis ausdrückenden Zusatz zu zeichnen. Er hat also mit „i. V.“ (in Vertretung) zu zeichnen.

Aufg. 152

Als Prokurist kann Herr Heckel gem. § 49 Abs. 1 HGB alle Arten von gerichtlichen und außergerichtlichen Geschäften und Rechtshandlungen vornehmen, die der Betrieb eines Handelsgewerbes mit sich bringt.

Aufg. 153	Die Prokura wird mit der ausdrücklichen Erklärung am 3. Februar 2025 gem. § 48 HGB wirksam.
Aufg. 154	Ja, die Prokura ist gem. § 53 HGB in das Handelsregister einzutragen. Die Eintragung hat eine kundtuende (deklaratorische) Wirkung.
Aufg. 155	Der Kaufvertrag ist rechtswirksam abgeschlossen worden. Der Kauf von Handelswaren ist grundsätzlich vom Umfang der Prokura gem. § 49 Abs. 1 HGB gedeckt. Zwar kann die Prokura im Innenverhältnis eingeschränkt werden. Diese Einschränkungen sind aber im Außenverhältnis gegenüber Dritten gem. § 51 Abs. 1 HGB nicht wirksam.
Aufg. 156	Nein, Herr Heckel war zum Abschluss des Kaufvertrages nicht berechtigt. Die Prokura erlischt gem. § 52 Abs. 1 HGB bereits mit dem Widerruf.
Aufg. 157	Ja, denn der Widerruf der Prokura war zum Zeitpunkt des Kaufvertragsabschlusses am 5. Juni 2025 noch nicht im Handelsregister eingetragen und bekannt gemacht; siehe § 15 Abs. 1 HGB.
Aufg. 158	Weitere Erlöschensgründe sind: → Auflösung des Arbeitsverhältnisses, → Auflösung des Unternehmens
Aufg. 159	a) Einzelunternehmen b) Kommanditgesellschaft c) Partnerschaftsgesellschaft d) Kapitalgesellschaft e) OHG
Aufg. 160	a) Das Handelsregister wird gem. § 8 HGB bei den Amtsgerichten als Registergericht geführt. b) Die Anmeldung zur Eintragung in das Handelsregister muss elektronisch gem. § 12 Abs. 1 S. 1 HGB in öffentlich beglaubigter Form erfolgen. c) Jeder kann gem. § 9 Abs. 1 S. 1 HGB Einsicht in das Handelsregister nehmen. d) Eintragungspflichtig in das Handelsregister sind z. B. Firma, Ort der Niederlassung des Handelsgewerbes, Gegenstand des Unternehmens, Erteilung bzw. Widerruf der Prokura, persönlich haftende Gesellschafter, Geschäftsführer der GmbH.

Aufg. 161	a) Ja, Dalia Mounir muss sich als Ist-Kauffrau in das Handelsregister eintragen lassen. Die Eintragung hat eine deklaratorische Wirkung. b) Die Arbeitsgemeinschaft muss sich als Gesellschaft bürgerlichen Rechts nicht in das Handelsregister eintragen lassen. c) Die Erhöhung der Hafteinlage ist eintragungspflichtig. Die Eintragung hat eine konstitutive Wirkung. d) Die Eintragung der Prokura ist eintragungspflichtig. Die Eintragung hat eine deklaratorische Wirkung. e) Die Handlungsvollmacht ist nicht entragungsfähig. f) Die freiwillige Eintragung als Kann-Kauffrau hat eine konstitutive Wirkung.
Aufg. 162	a) **Raten- oder Abzahlungsdarlehn:** → abnehmende Zinsen, da diese auf die jeweilige Restsumme des Darlehens berechnet werden → gleiche Tilgungshöhe über die Laufzeit → Gesamtbelastung pro Jahr wird geringer b) **Annuitätendarlehn:** → abnehmende Zinsen, da diese auf die jeweilige Restsumme des Darlehens berechnet werden → zunehmende Tilgungshöhe über die Laufzeit → Gesamtbelastung pro Jahr bleibt gleich c) **Fälligkeitsdarlehn:** → Die Zinsen bleiben gleich, da das Darlehn erst am Ende der Laufzeit zur Fälligkeit getilgt wird. → Die Gesamtbelastung bleibt damit während der Laufzeit des Darlehns gleich. → Die Tilgung erfolgt am Ende der Laufzeit des Darlehns in einer Summe.
Aufg. 163	Investition = Mittelverwendung = Aktivseite der Bilanz Finanzierung = Mittelherkunft = Passivseite der Bilanz
Aufg. 164	a) **Beteiligungsfinanzierung:** Die Beteiligungsfinanzierung ist eine Form der Außen- und Eigenfinanzierung. Das Geld kommt von außen in das Unternehmen und steht dem Unternehmen als Eigenkapital zur Verfügung. Beispiel: Aufnahme neuer Gesellschafter gegen Geschäftsanteile.

	b) **Fremdfinanzierung:** Das Geld wird von außen durch fremde Dritte dem Unternehmen zur Verfügung gestellt. Es wird im Fremdkapital der Bilanz ausgewiesen, da es dem Unternehmen nur für eine bestimmte Zeit zur Verfügung steht. c) **Innenfinanzierung:** Das Geld wird im Unternehmen erwirtschaftet. Beispiel: Aufdeckung stiller Reserven durch den Verkauf von Anlagevermögen. d) **Außenfinanzierung:** Das Geld kommt von außen in das Unternehmen, z. B. durch die Aufnahme eines Darlehns bei der Bank (Außen- und Fremdfinanzierung).
Aufg. 165	a) Bei Grundstücken und Gebäude kommen Grundpfandrechte wie Grundschuld und Hypothek als Sicherungsmittel in Betracht. b) Die Grundpfandrechte werden in Abteilung III des Grundbuches eingetragen. c) Die Grundschuld ist ein abstraktes – also unabhängig von einer Forderung bestehendes – rein dingliches Sicherungsmittel. Es haftet ausschließlich das Grundstück. Die Hypothek steht und fällt mit der zu sichernden Forderung. Sie ist abhängig (akzessorisch) von der zu sichernden Forderung. Neben der Haftung des Grundstücks bleibt die Hafung des Schuldners/Darlehnsnehmers unberührt. d) Die Bilanzposition Grundstücke und Gebäude weist laut Sachverhalt einen Bestand von 1.000.000,00 € aus. Davon 80 % sind 800.000,00 €. Mit dieser Bilanzposition kann ein Darlehn über 800.000,00 € abgesichert werden. Die Sicherheiten reichen damit vollständig aus, um einen Kredit über 800.000,00 € abzusichern.
Aufg. 166	a) Maschinen und Fuhrpark können in Form der Sicherungsübereignung als Sicherungsmittel eingesetzt werden. b) Die Bank wird Eigentümerin der zur Sicherung übereigneten Gegenstände. Der Sicherungsgeber bleibt Besitzer der Maschinen und kann diese weiterhin für sein Unternehmen gewinnbringend nutzen. Die Bank wird von ihren Eigentumsrechten keinen Gebrauch machen, solange der Kredit ordnungsgemäß bezahlt wird.

Aufg. 167	a) Forderungen können Rahmen der Zession/Abtretung zur Sicherung eines Darlehns eingesetzt werden. b) Wenn die Kunden nichts von der Abtretung der Forderungen an die Bank erfahren sollen, wird von einer stillen Zession gesprochen.
	c) Werden die Kunden über die Abtretung der Forderungen informiert, handelt es sich um eine offene Zession. Die Kunden können nur noch mit schuldbefreiender Wirkung an die Bank zahlen.
Aufg. 168	a) Der Familienschmuck kann als Pfand zur Sicherung des Kredites eingesetzt werden. Ein so gesicherter Kredit wird auch als Lombard-Kredit bezeichnet. b) Der Pfandgeber bleibt Eigentümer des Pfandes. Der Pfandnehmer wird Besitzer des Pfandes und hat dieses ordnungsgemäß zu verwahren.
Aufg. 169	a) Soll eine andere Person für die Schulden einstehen, so handelt es sich um eine Bürgschaft im Sinne des § 765 BGB. b) zweiseitiges, einseitig verpflichtendes Rechtsgeschäft c) Die Bürgschaft von Kaufleuten ist gem. § 350 HGB formfrei möglich. d) Bei dieser Form der Bürgschaft handelt es sich um eine selbstschuldnerische Bürgschaft, da der Bürge auf die Einrede der Vorausklage gem. § 773 BGB verzichtet hat.
Aufg. 170	Beim Leasing werden Wirtschaftsgüter gemietet oder gepachtet.
Aufg. 171	Es sind zu unterscheiden: → Direktes Leasing: Der Hersteller des Leasinggegenstandes ist auch Leasinggeber. → Indirektes Leasing: Zwischen Hersteller/Händler und dem Leasingnehmer steht eine Leasinggesellschaft als Leasinggeber.
Aufg. 172	Es sind z. B. folgende Optionen zu unterscheiden: → Leasing ohne Option: keine Vereinbarung über eine Vertragsverlängerung oder den Kauf des Leasinggegenstandes → Mit Kaufoption: Der Leasingnehmer kann das Leasinggut nach Ablauf der Grundmietzeit vom Leasinggeber erwerben. → Mit Vertragsverlängerungsoption: Der Leasingnehmer kann den Vertrag nach Ablauf der Grundmietzeit zu günstigen Konditionen verlängern.

Aufg. 173	Vorteile sind z. B.: → Die Leasingraten zählen zu den laufenden Betriebsausgaben. → Die Liquidität des Betriebes wird geschont. Für den Kauf des Wirtschaftsgutes müssen keine finanziellen Mittel aufgebracht werden. → Der Leasingnehmer bleibt auf dem neuesten technischen Stand. Nachteile sind z. B.: → hohe Fixkosten → in der Regel teurer als der Kauf auf Raten → Der Leasingnehmer erlangt grundsätzlich kein wirtschaftliches Eigentum am Wirtschaftsgut.
Aufg. 174	Beträgt die unkündbare Grundmietzeit weniger als 40 % der Nutzungsdauer oder mehr als 90 % der Nutzungsdauer, so handelt es sich grundsätzlich um einen verdeckten Kauf. Der Leasingnehmer hätte das Wirtschaftsgut dann auch direkt selbst kaufen können. Im vorliegenden Fall ist davon auszugehen, dass das Wirtschaftsgut nach dem Ablauf der kurzen Grundmietzeit und aufgrund der hohen Leasingraten bereits nach zwei Jahren vollständig amortisiert sein wird. Das Leasinggut ist daher beim Leasingnehmer zu bilanzieren.
Aufg. 175	Beim Factoring handelt es sich um den Verkauf von Forderungen aus Lieferungen und Leistungen an ein Finanzierungsinstitut (Bank oder Factoringgesellschaft).
Aufg. 176	Vorteile sind z. B.: → schnellerer Liquiditätszufluss → kein Delkredererisiko → Kosteneinsparung durch Verminderung der Verwaltungsaufgaben Nachteile sind z. B.: → Zins- und Provisionszahlungen → kein enger Kontakt zum Kunden → nur Vorschusszahlung durch Factor

Sachwortverzeichnis

DAS STAR WARS™ KOCHBUCH

EISSCHWERTER

30 EISKALTE REZEPTE FÜR HEISSE TAGE

VON LARA STARR
FOTOS VON MATTHEW CARDEN

PANINI BOOKS

Die Deutsche Bibliothek – CIP-Einheitsaufnahme
Ein Titeldatensatz für diese Publikation ist bei der
Deutschen Bibliothek erhältlich.

Deutsche Ausgabe 2013 Panini Verlags GmbH, Rotebühlstraße 87,
70178 Stuttgart. Figures and vehicles courtesy by Hasbro, Gallob, and Applause.

Titel der amerikanischen Originalausgabe:
„The Star Wars Cookbook: ICE SABERS" by Lara Starr, photography by Matthew Carden, first published in the US by Chronicle Books, 2013

Übersetzung: Kerstin Fricke
Lektorat: Gesa Grünwald
Chefredaktion: Jo Löffler
Satz: mediativo, Jochen Volkmer, Stuttgart

Book design by Jennifer Tolo Pierce.
Concepts by Matthew Carden. Styling by Jennifer Carden.
Manufactured in China.

1. Auflage, Mai 2013
ISBN 978-3-8332-2607-6

www.paninicomics.de
www.starwars.com

Inhaltsverzeichnis

Einleitung

Möge die Macht deines Eisfachs stets mit dir sein! Die Macht ist überall, auch in der Küche. Man kann sie ebenso im Kühlschrank wie auf Hoth finden. Dank dieser Rezepte und deiner neuen Lichtschwert-Eisformen sind deine kulinarischen Schöpfungen ab jetzt auch von der Macht erfüllt.

Einige der Rezepte sind so einfach, dass du dich mit deinen Freunden oder alleine daran wagen kannst, für andere benötigst du die Hilfe von Erwachsenen. Lass dich dabei von deinen Eltern oder anderen weisen Jedi-Rittern unterstützen.

Bei deinen Abenteuern in der Küche werden dir dieses Kochbuch und die Eisformen gute Dienste leisten. Das Ausprobieren dieser Rezepte wird eine ebenso aufregende wie leckere Erfahrung. Nimm die Herausforderung an, junger Padawan, und spüre die Macht!

VORBEREITUNG

Bevor du dich an die Rezepte machst, gilt es, einige Sicherheitsvorkehrungen zu beachten. Die Küche ist ein Ort des Friedens, aber auch hier lauern jede Menge Gefahren. Halte dich daher an diese drei Regeln:

1. Es sollte immer ein Erwachsener in der Küche sein, insbesondere wenn du Messer, den Herd oder den Ofen benutzt. So hast du auch gleich Gesellschaft und jemanden, der dir zur Hand gehen kann. (Selbst Luke wäre ohne Ben Kenobis Hilfe aufgeschmissen gewesen.) Außerdem sind Erwachsene größer, können Auto fahren, telefonieren, bezahlen und wissen eine Menge. Daher solltest du scharfe oder heiße Dinge niemals alleine verwenden.

2. Wasche deine Hände vor dem Kochen mit Wasser und Seife. Erinnerst du dich an die Kreaturen in der Cantina von Mos Eisley? Sie sind nichts im Vergleich zu dem, was auf deinen Händen rumkrabbelt. Bekämpfe diese mikroskopisch kleinen Lebensformen daher mit Wasser und Seife und wasch dir auch während des Kochens zwischendurch öfter die Hände, damit die Keimtruppen keine Verstärkung schicken können.

3. Wasche die Eisformen in warmem Seifenwasser ab, bevor du sie das erste Mal benutzt.

Der ruhige und aufmerksame Geist eines Jedi-Ritters kann die schlimmsten Missgeschicke in der Küche verhindern. Dabei helfen dir diese Richtlinien:

SEI VORSICHTIG

Respektiere die Mysterien der Macht

Die Gefrierzeit kann variieren. Stell deine Leckereien am besten nah an die Rückwand des Eisfachs und öffne die Tür während der Gefrierzeit so selten wie möglich.

Die Eisschwerter sollten sich leicht aus der Form lösen lassen. Tun sie das nicht, lass sie 3–5 Minuten antauen oder halte sie 30 Sekunden unter heißes Wasser.

► Renne nie in der Küche!

► Halte alles (Topflappen, Handtücher, Zutaten, dieses Buch) vom Herd fern. Der Herd kann heiß sein, selbst wenn die Platten ausgeschaltet sind.

► Trockne deine Hände ab, bevor du Elektrogeräte bedienst oder einen Stecker in die Steckdose steckst oder herausziehst.

► Wasche Messer und andere scharfe Utensilien einzeln ab. Lass sie nicht ins Abwaschwasser fallen, sonst verletzt du dich beim Herausholen.

► Hebe den Deckel heißer Töpfe immer schräg ab, sodass dir der Dampf nicht ins Gesicht steigen kann.

► Verwende nur trockene Topflappen. Sind sie nass, kannst du dich verbrennen, wenn du damit einen heißen Topf berührst.

► Stell einen Topf oder eine Pfanne auf den Herd, bevor du ihn anstellst.

► Schalte den Herd ab, bevor du einen Topf oder eine Pfanne herunternimmst.

► Lösche brennendes Fett niemals mit Wasser. Durch Wasser spritzt das Fett und das Feuer breitet sich schneller aus. Lege stattdessen einen gut passenden Deckel auf den Topf oder wirf große Mengen Backpulver hinein.

SEI WACHSAM

Lerne die Wachsamkeit eines Jedi

► Geh nicht aus der Küche, solange etwas auf dem Herd kocht oder im Ofen bäckt.

► Drehe Topfgriffe so, dass sie nicht über den Herdrand ragen und jemand dagegenstoßen kann.

► Achte darauf, dass sich Topfgriffe nicht über einer Herdplatte befinden, damit du dir beim Anfassen nicht die Finger verbrennst.

► Lass Utensilien, die du gerade nicht benutzt, nicht im Topf, sondern leg sie beiseite (z. B. auf einen Teller). Gegenstände aus Metall sind besonders gefährlich, da sie Hitze aufnehmen und du dich an ihnen verbrennen kannst.

► Starte in einer sauberen Küche und putze während des Kochens. Wisch Verschüttetes sofort weg, damit kein Unglück passieren kann. Wasch am besten auch alles sofort ab.

► Schalte den Motor des Mixers ab, bevor du den Deckel öffnest.
► Räume Zutaten weg, die du nicht mehr benötigst.
► Bewahre einen funktionstüchtigen Feuerlöscher in Reichweite auf.
► Leg die Nummer der Feuerwehr neben das Telefon.

Die Waffen eines Jedi-Kochs sind mächtig und zugleich einfach. Du wirst vermutlich alles in deiner Küche finden. Jeder Jedi-Koch sollte Folgendes im Haus haben:

Abkühlgitter
Aluminiumfolie
Backformen
Backofen*
Backpapier
Backpinsel
Bratpfannen
Dosenöffner
Eismaschine
Eisportionierer
Eisschalen
Eiswürfelbehälter
Fleischspieße*
Gemüseschäler
Handmixer*
Hohe Gläser
Holzlöffel
Kartoffelstampfer
Keksausstechformen
Küchenreibe
Kugelausstecher
Lebensmittelstift
Luftballons
Lutscherstiele
Messbecher und Löffel
Messer* (ein großes und ein kleines)
Muffinblech (für 12 Muffins)
Nudelholz
Papierförmchen
Plastikfolie
Rührschüsseln in verschiedenen Größen
Schaber aus Metall und Plastik
Schneebesen
Schneidbrett
Seiher
Sieb
Spritzbeutel mit runder Spitze
Standmixer*
Sternförmige Keksausstecher
Töpfe mit Deckel
Topflappen
Wachspapier
Wassereisstiele
Wasserkessel
Zahnstocher
Zuckerthermometer*

*Hierbei ist besondere Vorsicht geboten. Lass dir bitte immer von einem Erwachsenen helfen.

Wohlan, junger Jedi! Mögen deine Eisschwerter und anderen Leckereien deinen Gaumen erfreuen, und möge die Macht immer mit dir sein!

Eisschwerter

Sith-Eisschwert

Obi Wans Eisschwert

Lukes Eisschwert

Sith-Eisschwert

Mit diesem Fruchteis sieht die dunkle Seite gleich viel freundlicher aus.

ZUTATEN

120 g	Kirschen, frisch oder gefroren
60 ml	roter Fruchtsaft (Geschmack nach Wahl)
2 EL	Zucker
1 TL	frischer Zitronensaft
	rote Lebensmittelfarbe

Alle Zutaten in einem Standmixer oder einer Küchenmaschine pürieren, bis eine glatte Masse entsteht. Einige Tropfen Lebensmittelfarbe hinzugeben und 2–3 Sekunden untermischen. Die Mischung in die Eisschwertformen geben und gefrieren lassen, bis sie fest ist (mindestens 2 Stunden, am besten über Nacht).
Für 4 Eisschwerter.

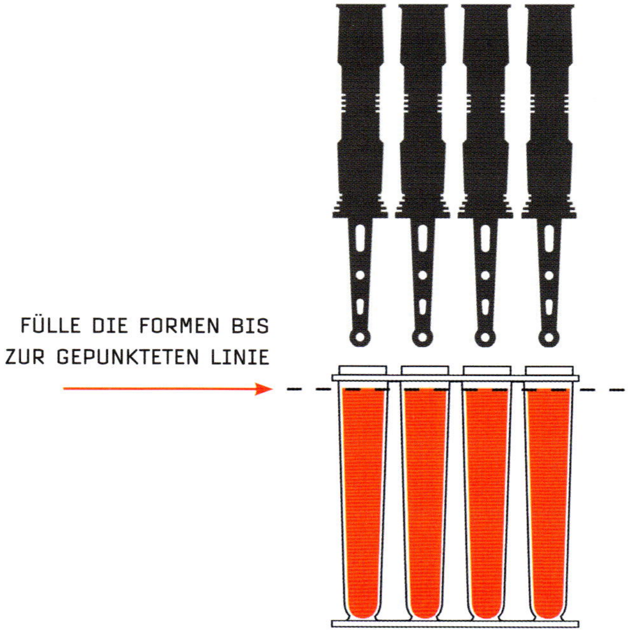

Obi Wans Eisschwert

Das unverkennbare blaue Lichtschwert des Jedi-Meisters hat noch nie so lecker geschmeckt!

ZUTATEN

120 g	Heidelbeeren, frisch oder gefroren
2 EL	frischer Zitronensaft
2 EL	Wasser mit einigen Tropfen blauer Lebensmittelfarbe
2 EL	Zucker

Alle Zutaten in einem Standmixer oder einer Küchenmaschine pürieren, bis eine glatte Masse entsteht. Die Mischung in die Eisschwertformen geben und gefrieren lassen, bis sie fest ist (mindestens 2 Stunden, am besten über Nacht).
Für 4 Eisschwerter.

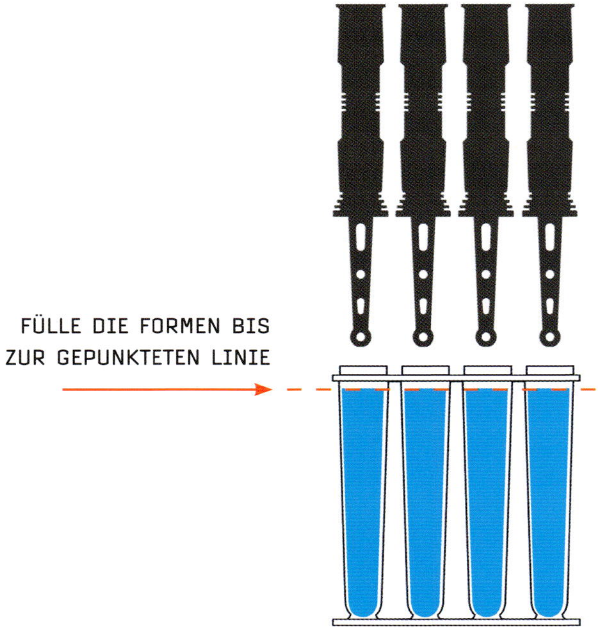

Lukes Eisschwert

Dieser kühle Snack schmeckt jedem Jedi.

ZUTATEN

240 ml	frischer Zitronensaft
150 g	Zucker
	grüne Lebensmittelfarbe

Saft und Zucker in einen Topf geben und unter ständigem Rühren sieden lassen, bis sich der Zucker aufgelöst hat (ca. 3–4 Minuten). Vom Herd nehmen und abkühlen lassen. Einige Tropfen grüne Lebensmittelfarbe hineingeben und vermengen. Die Mischung in die Eisschwertformen gießen und gefrieren lassen, bis sie fest ist (mindestens 2 Stunden, am besten über Nacht).

Für 4 Eisschwerter.

Handliche Snacks

Han Solos Blastersnack

Etwas kalte Luft verwandelt diese gewöhnlichen Früchte in einen köstlichen gefrorenen Snack.

ZUTATEN

Bananen (ein 7,5 cm langes Stück für jeden Blaster)	
Diverse Früchte, in etwa 2 cm große Stücke geschnitten:	
40 g	**Kirschen**
40 g	**Weintrauben**
40 g	**Erdbeeren**
40 g	**Heidelbeeren**
40 g	**Ananas**
40 g	**Himbeeren**

1. Ein ca. 7,5 cm langes Stück Banane quer auf einen 25 cm langen Holzspieß stecken, sodass auf einer Seite etwa 2,5 cm bis zum Ende der Frucht frei sind. Die Banane etwa zwei Drittel des Spießes nach unten schieben. Den restlichen Spieß auf jeder Seite mit den anderen Früchten bestücken.

2. Einen zweiten Spieß halbieren und als Blastergriff in den unteren Teil des Bananenstücks stecken. Den kürzeren Spieß ebenfalls mit Früchten auffüllen.

3. Das Ganze mit den restlichen Früchten wiederholen, die fertigen Spieße dann auf ein mit Back- oder Wachspapier ausgelegtes Backblech legen. Vor dem Servieren wenigstens 1 Stunde einfrieren, bei längerem Gefrieren mit Plastikfolie abdecken.

Für 3 Blaster.

Chewies Schoko-Käsekuchen-Würfel

Eine altbekannte Leckerei auf Wookiee-Art!

SCHOKO-KÄSEKUCHEN

450 g	Doppelrahmfrischkäse bei Zimmertemperatur
130 g	Zucker
1 TL	Vanilleextrakt
170 g	gehackte dunkle Schokolade, geschmolzen und abgekühlt
2	Eier

SCHOKOGUSS

340 g	gehackte dunkle Schokolade
40 g	Pflanzenfett

1. Den Ofen auf 175 °C vorheizen.

2. Für den Käsekuchen: Frischkäse, Zucker und Vanillezucker in einer Schüssel mit dem Mixer oder mit der Küchenmaschine gut vermengen. Schokolade hinzugeben und unterrühren, bis die Masse glatt und einheitlich gefärbt ist. Nacheinander die Eier hinzugeben und unterheben.

3. Die Mischung in eine 20 x 20 cm große Backform geben und 35–45 Minuten backen, bis der Teig fest ist. Die Backform komplett abkühlen lassen und dann 1 Stunde oder über Nacht einfrieren.

4. Für den Guss: 340 g Schokolade in der Mikrowelle oder im Wasserbad schmelzen. Fett hinzugeben und gut verrühren.

5. Den Käsekuchen in 24 Rechtecke schneiden: Zwei Querschnitte für drei gleiche Reihen, dann einmal längs in der Mitte durchschneiden und jeden der beiden Blöcke noch zweimal halbieren. Die Backform im Eisfach lassen und immer drei Stücke auf einmal herausholen.

[weiter]

6. Die Spitze eines Lutscherstiels in die geschmolzene Schokolade tunken und ein Käsekuchenstück zur Hälfte aufspießen. Das Kuchenstück in die Schokolade tauchen, überschüssige Schokolade durch Abklopfen am Schüsselrand entfernen. Den Stiel in ein Stück Styropor stecken oder auf Wachspapier legen. Das Ganze mit den restlichen Kuchenstücken wiederholen.

7. Die mit Schokolade überzogenen Kuchenstücke vor dem Servieren wenigstens 15 Minuten im Eisfach aufbewahren. Kalt genießen.

Für 24 Käsekuchen-Würfel.

Schoko-Karbonit

Friere einen kleinen Han Solo in Schokolade ein.

BROWNIES	
60 g	Blockschokolade
6 EL	Butter
180 g	brauner Zucker
1	Ei
1 TL	Vanilleextrakt
50 g	Mehl
1 l	Vanilleeiscreme
12	Tootsie Rolls (oder andere Karamell-Kaubonbons/Rollos)

SCHOKOGUSS	
500 g	gehackte Zartbitterschokolade
6 EL	Pflanzenfett

1. Den Ofen auf 175 °C vorheizen.
2. Für die Brownies: Eine 18 x 28 cm große Backform mit Alufolie auslegen, sodass diese an den Längsseiten etwa 2,5 cm übersteht. Die Folie dünn einfetten.
3. Die Blockschokolade und die Butter bei mittlerer Hitze in einem Topf schmelzen und dabei umrühren, bis die Mischung glatt ist. Den Zucker unterheben, dann das Ei und die Vanille hineingeben und gut verrühren. Das Mehl hinzufügen und rühren, bis alles gut vermengt ist.
4. Den Teig in die Backform geben und 15–20 Minuten backen oder bis die Ränder fest sind und ein Zahnstocher sauber aus der Mitte herausgezogen werden kann. Die Backform auf ein Abkühlgitter stellen und auskühlen lassen.
5. Die Eiscreme aus dem Eisfach holen und antauen lassen, während die Brownies abkühlen.
6. Die Eiscreme über die Brownies geben und mit einem Schaber verteilen. Wenigstens 1 Stunde einfrieren.

[weiter]

7. Während die Brownie-Eis-Kombination gefriert, aus den Tootsie Rolls bzw. Karamell-Kaubonbons kleine Han Solos basteln: Falls die Rollen sehr fest sind, können sie 5–10 Sekunden in der Mikrowelle erhitzt werden. Aus der Spitze einen runden Kopf formen, den restlichen Bonbon platt drücken und mit einem Messer Arme und Beine ausschneiden. Die Arme hochdrücken und an den Enden Hände formen.

8. Für den Guss: Die Zartbitterschokolade in der Mikrowelle oder im Wasserbad schmelzen. Fett hinzugeben und gut verrühren, bis die Masse glatt ist.

9. Die Eis-Brownie-Masse aus der Form nehmen, indem die Folie am Rand angehoben wird, und mit einem großen, scharfen Messer in 12 Stücke schneiden. Auf jedes Stück einen Han Solo drücken, alles auf das Backpapier legen und wieder ins Eisfach stellen. Jedes Kuchenstück nacheinander am Brownie-Teil halten und in die geschmolzene Schokolade tauchen, bis die Eiscreme komplett bedeckt ist und der Guss über den Brownie läuft. Den Brownie am Schüsselrand abklopfen, um überschüssige Schokolade zu entfernen. Das fertige Kuchenstück wieder einfrieren und das Ganze mit den restlichen Stücken wiederholen. Vor dem Servieren wenigstens 1 Stunde einfrieren.

Für 12 Eissnacks.

Karamell-Bananen-Kampfdroiden

Damit bekämpfst du jede Hungerattacke!

ZUTATEN

4	kleine Bananen, halbiert
310 g	Butterscotch Chips (alternativ klein gehackte Toffeebonbons)
6 EL	Pflanzenfett
	Mini-Schokochips, farbige Mini-Schokobonbons, kleine runde schwarze Streusel oder Lebensmittelstift zum Dekorieren

1. Einen Eisstiel in jede Bananenhälfte stecken, sodass sie etwa zu einem Drittel aufgespießt ist. Die Bananen für 2 Stunden oder über Nacht einfrieren.
2. Butterscotch Chips in der Mikrowelle oder im Wasserbad schmelzen. Das Fett hinzugeben und unterrühren. Die gefrorenen Bananen hineintauchen, sodass sie ganz bedeckt sind, und die überschüssige Flüssigkeit abtropfen lassen. Zwei Mini-Schokochips oder Schokobonbons als Augen auf jede Banane drücken, solange die Schokolade noch weich ist. Die Stiele in Styropor stecken. (Den Lebensmittelstift bitte erst verwenden, wenn der Guss trocken ist.)
3. Die Sticks vor dem Servieren wenigstens 1 Stunde einfrieren.
Für 8 Sticks.

Landos Keksteig

Diese dunklen Schokokekse sind im Handumdrehen gebacken.

ZUTATEN	
200 g	Mehl
85 g	ungesüßtes Kakaopulver
½ TL	Backpulver
½ TL	Salz
125 g	Butter
200 g	Zucker und etwas mehr zum Bestreuen
180 g	brauner Zucker
1	Ei
1 TL	Vanilleextrakt

1. Mehl, Kakaopulver, Backpulver und Salz in einer Schüssel verrühren und beiseitestellen.
2. Butter und Zucker in einer Schüssel mit dem Mixer auf mittlerer Geschwindigkeit schaumig schlagen. Ei und Vanille unterheben. Nach und nach die trockenen Zutaten unterrühren, bis der Teig zähflüssig ist.
3. Den Teig in zwei 30 cm lange Rollen aufteilen. Etwas Wachspapier mit Zucker bestreuen und die Teigrollen darüber rollen. Jede Rolle in Plastikfolie einwickeln und wenigstens 4 Stunden oder über Nacht einfrieren.
4. Den Ofen auf 175 °C vorheizen.
5. Jede Rolle in 48 Scheiben schneiden. Die Scheiben im Abstand von wenigstens 2,5 cm auf dünn eingefettete Backbleche legen. 10–12 Minuten backen oder bis die Oberfläche trocken aussieht (die Mitte darf noch weich sein). Die Kekse auf einem Rost auskühlen lassen.
Für 8 Dutzend Kekse.

Qui-Gons Pfefferkuchensandwiches

Süße, würzige Sandwiches für den unternehmungslustigen Jedi!

ZUTATEN

400 g	Mehl
3 TL	Pumpkin-Pie-Gewürz (alternativ Lebkuchengewürz)
1 TL	Backpulver
½ TL	Salz
125 g	Butter bei Zimmertemperatur
90 g	brauner Zucker
120 ml	dunkle Melasse (alternativ Zuckerrübensirup)
0,5 l	Dulce de Leche oder Vanille-Karamell-Eiscreme

1. Den Ofen auf 175 °C vorheizen.
2. Mehl, Gewürz, Backpulver und Salz in einer Schüssel verrühren und beiseitestellen.
3. Butter und Zucker in einer Schüssel mit einem Mixer auf mittlerer Geschwindigkeit schaumig schlagen. Melasse gut unterheben. ⅓ der Mehlmischung und 1 EL Wasser nach und nach unterrühren, dann den Rest unterheben (insgesamt 3 EL Wasser). Ist der Teig zu trocken oder klebt er nicht, esslöffelweise mehr Wasser hinzugeben.
4. Den Teig so ausrollen, dass er in eine 28 x 38 cm große Backform passt. 8–10 Minuten backen, bis der Teig nach dem Eindrücken wieder die ursprüngliche Form annimmt. Komplett auskühlen lassen.
5. Eiscreme aus dem Eisfach nehmen und antauen lassen, während der Teig abkühlt.
6. Sechzehn etwa 5 cm große Kekse ausschneiden. Den Keksausstecher auf eine flache Oberfläche legen und einen Keks auf den Boden drücken. Den Keksausstecher mit Eiscreme füllen und mit einem weiteren Keks abdecken. Den oberen Keks andrücken und den Ausstecher vorsichtig entfernen. Mit den restlichen Keksen und der Eiscreme wiederholen. Jedes Sandwich in Plastikfolie einwickeln und vor dem Servieren wenigstens 1 Stunde einfrieren.
Für 8 Eissandwiches.

Tauntaun-Bonbons

Selbst Tauntauns wollen mal was naschen! Diese gefrorenen Eiskugeln sind schnell hergestellt und schmecken jedem Gast.

ZUTATEN

500 ml	**Vanilleeiscreme**
1 Tasse	**zerstoßene Pfefferminzbonbons (etwa 30 Bonbons)**
1 Tasse	**zerstoßene Vanille-Doppelkekse (etwa 25 Kekse)**

1. Mit einem Kugelausstecher oder Eisportionierer 16 kleine runde Kugeln aus der Eiscreme formen und auf einem mit Backpapier ausgelegten Backblech im Eisfach zwischenlagern. Die Eiskugeln 3 Stunden gefrieren lassen.

2. Die Kekskrümel und die Bonbons in einer flachen Schüssel vermengen. Immer zwei oder drei Eiskugeln herausnehmen und durch die Keks-Bonbon-Mischung rollen. Die bedeckten Bonbons wieder einfrieren und mit den nächsten Eiskugeln fortfahren.

3. Sind alle Eiskugeln bedeckt, sollten sie vor dem Servieren noch 1 Stunde eingefroren werden. In einem luftdichten Behälter halten sie sich im Eisfach einen Monat.

Für ca. 16 Bonbons.

Kuchen

Millennium-Falkuchen

Forme mit einer Einmalbackform Han Solos Schiff nach, indem du die Seiten ein wenig nach außen drückst und die Vorderseite entsprechend anpasst.

BODEN	
9	Eiswaffelhörnchen
62 g	Butter
1 EL	Zucker
1 l	Eiscreme (Geschmack nach Wunsch), 15–20 Minuten antauen lassen

WAFFELBELAG	
3	Eiswaffelhörnchen
2 EL	Zucker
1 EL	Butter

1. Den Ofen auf 175 °C vorheizen.
2. Für den Boden: Die 9 Waffelhörnchen in der Schüssel der Küchenmaschine zerbröseln. Butter und Zucker hinzufügen und 3–4 Mal durchrühren, bis die Waffelbrösel gut bedeckt sind.
3. Die Mischung in eine 23-cm-Backform geben und gut an den Boden und an den Seiten andrücken, sodass ein fester, kompakter Boden entsteht.
4. 5 Minuten backen. Aus dem Ofen nehmen und komplett abkühlen lassen.
5. Den Boden mit Eiscreme füllen und die Masse glatt streichen. In das Eisfach stellen.
6. Für den Belag: Die Waffelhörnchen in einer Plastiktüte in 1 cm große Stücke zerkrümeln und beiseitestellen. Den Zucker mit 2 EL Wasser in einem kleinen Topf verrühren, bis er sich aufgelöst hat. Die Mischung bei mittlerer Hitze zum Kochen bringen. Ohne Umrühren weiterkochen, bis der Sirup goldfarben ist und das Zuckerthermometer 120 °C anzeigt (nach ca. 6–8 Minuten). Den Sirup vom Herd nehmen, die Butter hineingeben und umrühren. Sofort die zerstoßenen Eiswaffeln hinzugeben und umrühren, bis sie komplett bedeckt sind.
7. Die Masse auf Wachspapier oder Backpapier geben, gleichmäßig verteilen und abkühlen lassen.
8. Die Waffelmasse nach dem Erkalten in einen Plastikbeutel geben und mit einem Nudelholz in kleine, etwa gleich große Stücke zerdrücken.
9. Den Waffelbelag gleichmäßig auf dem Kuchen verteilen und leicht andrücken. 1 Stunde oder über Nacht einfrieren.
10. Den Kuchen vor dem Servieren 10–15 Minuten im Kühlschrank antauen lassen, dann mit einem Messer, das vorher in heißes Wasser getaucht und anschließend mit einem Küchentuch abgewischt wurde, in Stücke schneiden. Reste in Plastikfolie einwickeln und wieder einfrieren.

Für 8–10 Schmuggler.

Darth Schoko-Schlammkuchen

Dieser Schokokuchen lockt jeden auf die dunkle Seite.

BODEN	
20	Schoko-Doppelkekse
2 EL	geschmolzene Butter
1 l	Schokoladeneiscreme, 15–20 Minuten antauen lassen
1 Tafel	dunkle Schokolade bei Zimmertemperatur

SCHOKOSOSSE	
170 g	gehackte Zartbitterschokolade
180 ml	Schlagsahne

1. Den Ofen auf 175 °C vorheizen.

2. Für den Boden: Die Kekse in der Schüssel der Küchenmaschine zu feinen Krümeln zerkleinern. Butter hinzugeben und 3–4 Mal durchrühren, bis die Krümel ganz bedeckt sind.

3. Krümelmischung in eine 23-cm-Backform geben und gut an den Boden und an den Seiten andrücken, sodass ein fester, kompakter Boden entsteht.

4. 10 Minuten backen. Aus dem Ofen nehmen und komplett auskühlen lassen.

5. Eiscreme auf den Boden geben und glatt streichen. In das Eisfach stellen.

6. Die Schokolade mit einem Papiertuch anfassen, damit sie nicht durch die Körperwärme schmilzt. Mit einer Gemüsereibe Schokoröllchen auf das Wachspapier reiben. So lange reiben, bis genug Röllchen für den Kuchenbelag vorhanden sind (etwa eine Dreivierteltasse voll). Die Röllchen 15–20 Minuten in den Kühlschrank stellen, bis sie fest sind, und dann gleichmäßig auf dem Kuchen verteilen. Den Kuchen wenigstens 1 Stunde oder über Nacht einfrieren.

7. Für die Soße: Schokolade und Sahne in ein mittelhohes Glas oder eine Keramikschüssel geben. 2 Minuten in der Mikrowelle erhitzen oder bis die Schokolade weich und die Sahne warm ist, dann gut verrühren. Die Soße 10–15 Minuten beiseitestellen, bis sie abgekühlt und angedickt ist. Sofort servieren. Wurde die Soße vorbereitet, sollte sie gekühlt aufbewahrt und vor dem Servieren kurz erhitzt werden.

8. Den Kuchen vor dem Servieren 10–15 Minuten im Kühlschrank antauen lassen, dann mit einem Messer, das vorher in heißes Wasser getaucht und anschließend mit einem Küchentuch abgewischt wurde, in Stücke schneiden. Mit der Soße garnieren. Reste in Plastikfolie einwickeln und wieder einfrieren.

Für 8–10 Sith.

Roller

Die schnellen – sehr schnellen – Droidekas oder Zerstörerdroiden werden auch Roller genannt. Genauso schnell wie sie wird auch dieser leckere Kuchen verschwinden.

ZUTATEN

	Pflanzenöl-Backspray
100 g	Mehl
40 g plus 1 TL	ungesüßtes Kakaopulver
1 TL	Backpulver
½ TL	Salz
4	Eier
150 g	Zucker
1 TL	Vanilleextrakt
2 EL	Puderzucker
1 l	Kaffeeeiscreme, 15–20 Minuten antauen lassen

1. Den Ofen auf 175 °C vorheizen.
2. Eine 28 x 38 cm große Backform mit Backpapier oder Wachspapier auslegen. Das Papier und die Innenseite der Form mit dem Öl besprühen.
3. Mehl, 40 g Kakaopulver, Backpulver und Salz in einer Schüssel vermengen und beiseitestellen.
4. Die Eier in einer großen Schüssel mit dem Mixer aufschlagen, bis sie schaumig sind (ca. 5 Minuten). Nach und nach Zucker und Vanilleextrakt unterheben, bis die Masse glatt ist.
5. Die trockenen Zutaten unter die Ei-Masse rühren, bis der Teig glatt ist. In die vorbereitete Backform geben und 12–15 Minuten backen oder bis der Teig nach dem Eindrücken wieder die ursprüngliche Form annimmt.
6. Währenddessen den Puderzucker mit 1 TL Kakaopulver in einer kleinen Schüssel vermengen. Ein sauberes Küchenhandtuch auf eine glatte Oberfläche oder einen Tisch legen und gleichmäßig mit der Zucker-Kakao-Mischung bestreuen. Den Kuchenboden aus dem Ofen nehmen und sofort auf das vorbereitete Tuch stürzen, anschließend mit dem Tuch aufrollen und mit dem Saum nach unten auf einem Abkühlgitter auskühlen lassen.
7. Den abgekühlten Kuchenboden aus dem Tuch nehmen und mit der Eiscreme bestreichen, dabei 2 cm am Rand freilassen. Den Kuchen erneut aufrollen und eng mit Plastikfolie umwickeln. Wenigstens 4 Stunden oder über Nacht einfrieren. Vor dem Servieren 10–15 Minuten antauen lassen und mit einem gezackten Messer in Scheiben schneiden. Reste in Plastikfolie wickeln und wieder einfrieren.
Für 10 Portionen.

Gefrorener Yodagurtkuchen

Lecker er ist. Färbe einen selbst gebackenen Biskuitkuchen grün, um ihm den Yoda-Touch zu verleihen, oder nimm einen gekauften Kuchen und färbe den angetauten gefrorenen Joghurt ein!

KUCHEN	
100 g	Mehl
¼ TL	Salz
12	große Eiweiße bei Zimmertemperatur
1 TL	Weinsteinbackpulver
250 g	Zucker
2 TL	Vanilleextrakt
1 TL	grüne Lebensmittelfarbe

FÜLLUNG	
1 l	Gefrorener Joghurt (beliebige Geschmacksrichtung), 15–20 Minuten antauen lassen
150 g	in Scheiben geschnittene Erdbeeren

1. Den Ofen auf 175 °C vorheizen.
2. Für den Kuchen: Mehl und Salz in eine Schüssel sieben und beiseitestellen.
3. Die Eiweiße in einer Schüssel mit dem Mixer auf mittlerer Geschwindigkeit aufschlagen. Nach und nach den Zucker unterheben, bis die Masse steif ist. Weinsteinbackpulver hinzugeben und mit hoher Geschwindigkeit unterheben. Dann das Vanilleextrakt und die Lebensmittelfarbe hineingeben.
4. Ein Viertel der Mehlmischung über die Eiweißmischung geben und vorsichtig unterheben. Mit dem restlichen Mehl wiederholen.
5. Teig in eine nicht gefettete 25-cm-Gugelhupfform geben und glatt streichen. 30–40 Minuten backen, bis der Kuchen goldbraun ist. In der Backform wenigstens 1 Stunde abkühlen lassen. Die Seiten mit einem Messer lösen und den Kuchen aus der Form nehmen.
6. Den Kuchen mit einem gezackten Messer auf halber Höhe durchschneiden. Jede Hälfte noch einmal halbieren, sodass vier Schichten entstehen.
Die unterste Kuchenscheibe auf eine Tortenplatte legen. Mit 250 ml Joghurt bestreichen und ein Viertel der Erdbeeren darauf legen. Weitere Kuchenschichten auf dieselbe Weise belegen.
7. Sofort servieren oder den Kuchen in Plastikfolie einwickeln und einfrieren. Vor dem Servieren 10–15 Minuten antauen lassen und mit einem gezackten Messer aufschneiden. Rest in Plastikfolie wickeln und einfrieren.
Für 8–10 Portionen.

Prinzessin Leias Zitronensoufflé

Wie Leia ist auch diese Leckerei gleichzeitig cool und süß.

ZUTATEN

6	Eier, getrennt
200 g	Zucker
	geriebene Schale und Saft von 3 großen Zitronen
¼ TL	Weinsteinbackpulver
300 ml	Schlagsahne

1. Eigelbe, Zucker, Zitronensaft und -schale in einem Topf bei mittlerer Hitze unter ständigem Rühren aufkochen, bis die Masse angedickt ist und am Rand kleine Blasen bildet (5–7 Minuten).
2. Die Masse durch ein Sieb in eine hohe Glasschüssel geben. Plastikfolie direkt auf die Oberfläche legen und wenigstens 30 Minuten oder über Nacht einfrieren.
3. Die Eiweiße mit dem Weinsteinbackpulver in einer Schüssel mit dem Mixer steif schlagen. Einen Klecks Eiweiß unter die Zitronenmischung mengen, dann den Rest unterheben.
4. Die Sahne in derselben Schüssel steif schlagen und unter die Zitronenmasse geben.
5. Die Soufflémischung in eine 23–26 cm große Form geben und mit einem Spatel glatt streichen. 6 Stunden oder über Nacht einfrieren, bis sie fest ist.
6. Vor dem Servieren die Seiten der Masse mit einem Messer lösen, das zuvor in heißes Wasser getaucht und anschließend abgewischt wurde. In Scheiben schneiden und genießen. Reste in Plastikfolie wickeln und wieder einfrieren.
Für 8–10 Prinzessinnen.

Eis, Sorbet und Fruchtiges

- Bananakin-Split
- Ewoki-Eisbecher
- R2D2-Fruchtgelage
- Wookiee-Cookie-Schüsseln
- Eisklone
- AT-AT-Eiswagen
- Bantha-Becher
- Mos Eisley
- Asteroidenangriff
- Doppelsonnen-Sorbetbombe
- Tatooine-Terrine

Bananakin Splits

ERDBEERSOSSE

340 g	gefrorene Erdbeeren
50 g	Zucker
1 TL	frischer Zitronensaft

GERÖSTETE BANANEN

4	reife Bananen, geschält und längs halbiert
2 EL	brauner Zucker

SCHOKOSOSSE

120 ml	Schlagsahne
130 g	gehackte Zartbitterschokolade

SPLITS

Je ½ l	Schokoladen-, Vanille- und Erdbeereiscreme
100 g	Ananasstücke
	Schlagsahne
12	Maraschinokirschen

1. Für die Erdbeersoße: Die Erdbeeren in einem feinen Sieb über einer Schüssel mehrere Stunden oder im Kühlschrank über Nacht auftauen lassen. Den Saft beiseitestellen. Die Beeren mit einem Holzlöffel durch das Sieb streichen und dabei so viel Beerenmus wie möglich abseihen. Den Siebinhalt entsorgen. Saft, Zucker und Zitronensaft zum Beerenmus geben und verrühren.

2. Den Ofen auf 200 °C vorheizen.

3. Für die gerösteten Bananen: Ein Backblech mit Backpapier auslegen. Die Bananen mit der Schnittseite nach oben darauf legen. Braunen Zucker darüber streuen und 30 Minuten rösten oder bis die Bananen weich sind, wenn man mit einer Gabel hineinsticht, und der Zucker goldbraun ist und Blasen schlägt. 15 Minuten abkühlen lassen.

4. Für die Schokosoße: Sahne und Schokolade zusammen in der Mikrowelle oder im Wasserbad schmelzen und dabei glatt rühren. Beiseitestellen und abkühlen lassen.

5. Für die Splits: Je eine Kugel Schokoladen-, Vanille- und Erdbeereiscreme in vier lange Eisbecher geben.

6. Auf das Vanilleeis die Schokosoße gießen, auf das Erdbeereis die Ananasstücke geben und auf das Schokoladeneis die Erdbeersoße träufeln. Zwei Bananenscheiben in jeden Becher legen und mit der Sahne und den Kirschen garnieren.

Für 4 Eisbecher.

Ewoki-Eisbecher

KARAMELLKEKSE	
8	Vollkornbutterkekse
1 ½ EL	brauner Zucker
1 ½ EL	Butter
500 ml Schokoladeneiscreme	

MARSHMALLOW-SOSSE	
70 g	Zucker
2 EL	Maissirup
1 Tasse	Mini-Marshmallows
1 TL	Vanilleextrakt

1. Den Ofen auf 175 °C vorheizen.
2. Für die Kekse: Die Kekse dicht nebeneinander auf ein Backblech legen.
3. Den braunen Zucker und die Butter bei mittlerer Hitze in einem Topf aufkochen. Unter ständigem Rühren 2 Minuten kochen lassen. Vom Herd nehmen und sofort über die Kekse gießen, dabei mit einem Messer oder Spatel gleichmäßig verteilen.
4. Die Kekse 5 Minuten oder bis der Guss Blasen schlägt backen. Aus dem Ofen nehmen und komplett abkühlen lassen.
5. Eiscreme in vier Becher verteilen und im Eisfach aufbewahren, während die Marshmallow-Soße hergestellt wird.
6. Für die Marshmallow-Soße: Zucker, 2 EL Wasser und Maissirup in einem Topf bei mittlerer Hitze unter ständigem Rühren aufkochen. Bei geringer Hitze 4 Minuten sieden lassen und gelegentlich umrühren.
7. Sirup vom Herd nehmen. Die Marshmallows und das Vanilleextrakt unterheben. Rühren, bis eine glatte Masse entsteht. Abkühlen lassen. (Die Marshmallow-Soße sollte am besten sofort verbraucht werden.)
8. Vor dem Servieren die Eiscreme mit der Soße übergießen und über jedem Eisbecher zwei Kekse zerbröseln.

Für 4 Eisbecher.

R2D2-Fruchtgelage

HIMBEERSOSSE

340 g	tiefgefrorene Himbeeren
50 g	Zucker
1 EL	frischer Zitronensaft

500 ml	Erdbeereiscreme
75 g	Heidelbeeren, frisch oder gefroren
	Schlagsahne

1. Für die Himbeersoße: Die Himbeeren in einem feinen Sieb über einer Schüssel mehrere Stunden oder im Kühlschrank über Nacht auftauen lassen. Den Saft beiseitestellen. Die Beeren mit einem Holzlöffel durch das Sieb streichen und dabei so viel Beerenmus wie möglich abseihen. Den Siebinhalt entsorgen. Saft, Zucker und Zitronensaft zum Beerenmus geben und verrühren.

2. Für das Eis: Eiscreme auf vier Schüsseln verteilen. Mit der Himbeersoße, den Blaubeeren und Schlagsahne garnieren.

Für 4 Jedis.

Wookiee-Cookie-Schüsseln

Diese tollen Schüsseln können gleich mitgegessen werden und eignen sich perfekt für Eis, Pudding und alles, was Wookiees mögen.

ZUTATEN	
125 g	Butter bei Zimmertemperatur
100 g	Zucker
1	Ei
1 TL	Vanilleextrakt
130 g	Mehl
1 TL	Backpulver
¼ TL	Salz

1. Den Ofen auf 175 °C vorheizen.

2. Butter und Zucker in einer Schüssel mit dem Mixer auf hoher Geschwindigkeit schaumig schlagen. Ei und Vanille hinzugeben und unterrühren.

3. Mehl, Backpulver und Salz in einer Schüssel vermengen. Die trockenen Zutaten nach und nach unter die Buttermasse mischen und gut verrühren.

4. Den Teig auf eine mit Mehl bestreute Oberfläche geben und durchkneten, bis er glatt ist. Einen halben Zentimeter dick ausrollen und bei Bedarf mit Mehl bestreuen. Zwölf Kreise mit einem Durchmesser von 10 cm ausstechen (mit einem großen Glas oder einer sauberen Dose) oder eine entsprechend große, auf Papier gemalte Vorlage auf den Teig legen und die Kreise ausschneiden.

5. Ein Muffinblech für 12 Muffins umdrehen, jeden der Kreise um eine Rundung legen und leicht andrücken. 12–15 Minuten backen, bis sie goldbraun sind.

6. 10 Minuten abkühlen lassen, die Becher dann vorsichtig abnehmen und auf einem Kuchengitter abkühlen lassen. In einem luftdichten Behälter maximal eine Woche aufbewahren.

Für 12 Keksschalen.

Eisklone

Diese gefrorenen Leckereien werden wie die Klontruppen, die der Armee der Republik unterstehen, aus deinem Eisfach marschieren und eine Geschmacksexplosion in deinem Mund auslösen. Lass dich vom Foto zum Bemalen des Helms inspirieren.

ZUTATEN	
4	**Waffelbecher mit flachem Boden**
500 ml	**Vanilleeiscreme, 15–20 Minuten antauen lassen**

ÜBERZUG	
170 g	**gehackte weiße Schokolade**
60 ml	**Kokosöl**
40 g	**dunkle Schokolade oder Lebensmittelfarbe zum Verzieren**

1. Eine Kugel von etwa 110 ml Vanilleeis in jeden Eisbecher geben. 1 Stunde einfrieren.
2. Für den Überzug: Die weiße Schokolade mit dem Kokosöl in der Mikrowelle oder im Wasserbad schmelzen und gut verrühren.
3. Einen Eisbecher aus dem Eisfach nehmen. Die Eiscreme mit der Hand glatt streichen. Den Becher umgekehrt bis zum Rand der Waffel in den Überzug tauchen, dann wieder einfrieren und den nächsten Becher eintauchen.
4. Die dunkle Schokolade in einen Spritzbeutel geben und die Becher entsprechend des Musters auf den Helmen der Klone dekorieren.
Die Schokolade dafür in einem dicken Glas oder Keramikgefäß 1 Minute bei 50 Prozent Leistung in der Mikrowelle schmelzen. Umrühren und erneut in 30 Sekunden-Intervallen erhitzen, bis die Schokolade glatt und geschmolzen ist.
Für 4 Klone.

AT-AT-Eiswagen

In einer weit, weit entfernten Galaxis gibt es keine Eiswagen, doch man könnte ja einen AT-AT dazu umfunktionieren. Der Schoko- und Erdnussbutter-geschmack dieser Leckerei fängt die entsprechende terrestrische Atmosphäre perfekt ein.

SCHOKO-ERDNUSSBUTTER-SOSSE

120 ml	Schlagsahne
85 g	gehackte Zartbitterschokolade
2 EL	glatte Erdnussbutter

500 ml	Vanilleeiscreme
4	große Erdnussbutterpralinen, klein gehackt
	Schlagsahne und gehackte Erdnüsse (nach Wunsch)

1. Für die Soße: Schokolade und Sahne in der Mikrowelle oder im Wasserbad schmelzen. Glatt rühren. Erdnussbutter unterheben und zu einer glatten Masse verrühren.

2. Eiscreme auf vier Becher verteilen. Mit der Soße und den gehackten Erdnussbutterpralinen dekorieren. Einen Klecks Schlagsahne darauf geben und nach Wunsch mit gehackten Erdnüssen bestreuen.

Für 4 Portionen.

Bantha-Becher

ZUTATEN

340 g	gehackte Zartbitterschokolade
1 EL	Pflanzenfett oder Kokosöl (nach Bedarf)
	Pflanzenölkochspray

1. Die Schokolade 1 Minute in der Mikrowelle schmelzen, umrühren und dann in 30-Sekunden-Intervallen weiter erhitzen, bis sie geschmolzen und glatt ist. Werden Schokostreusel oder eine sehr dicke Schokolade verwendet, Pflanzenfett oder Kokosöl hinzufügen und zu einer glatten Masse rühren.

2. Acht kleine, bunte Luftballons zu etwa drei Vierteln aufpusten und gut zubinden. Die Hände mit etwas Öl benetzen und die Ballons damit einreiben. Ein Backblech mit Back- oder Wachspapier auslegen.

3. Die Unterseite jedes Ballons etwa 5 cm tief in die Schokolade tauchen. Herausnehmen und auf das Backblech legen, bis die Schokolade fest und getrocknet ist (ca. 45 Minuten).

4. Ist die Schokolade fest, mit einer Nadel in der Nähe des Knotens in jeden Ballon stechen und die Luft langsam herauslassen. Die Ballons entfernen und die Schokoschalen mit Eiscreme füllen. Vorher überprüfen, ob alle Ballonüberreste entfernt wurden. Die Schalen sind abgedeckt im Kühlschrank eine Woche haltbar.

Für 8 Schalen.

Mos Eisley

Die Rundungen dieser erfrischenden Zitruskugeln erinnern an die abgerundeten Gebäude am Raumhafen Mos Eisley, wo Luke, Obi-Wan und die Droiden in der Cantina mehr als nur eine kleine Erfrischung erwartet hat.

ZUTATEN	
6	große Orangen
100 g	Zucker
60 ml	frischer Zitronensaft

1. Das obere Drittel der Orangen abschneiden. Ein Sieb über eine Schüssel hängen und das Fruchtfleisch in das Sieb geben. Die leeren Orangenunterteile auf einem Backblech einfrieren.
2. Das Fruchtfleisch mit einem Holzlöffel passieren und so viel Saft wie möglich herausdrücken (möglichst 350 ml).
3. Zucker und 1 Tasse Wasser (240 ml) in einem Topf bei mittlerer Hitze aufkochen und sieden lassen, bis sich der Zucker aufgelöst hat. Bei etwas größerer Hitze 5 Minuten kochen lassen. Saft hinzugeben, umrühren und abkühlen lassen.
4. Die kalte Saftmischung in eine flache Backform gießen, mit Plastikfolie abdecken und 1–2 Stunden einfrieren, bis die Masse am Rand gefroren und fest ist. Mit einer Gabel vom Rand bis zur Mitte bearbeiten und erneut einfrieren. In 20-Minuten-Intervallen noch zwei oder drei Mal mit der Gabel auflockern, bis die Saftmischung komplett gefroren ist.
5. Das Eis zum Servieren in die gefrorenen Orangenschalen geben.
Für 6 Portionen.

Asteroidenangriff

Wenn diese Asteroiden auf dich zukommen, musst du nur den Mund aufmachen und die Geschmacksexplosion auf deiner Zunge genießen.

ZUTATEN

1 l	Vanilleeiscreme, 15–20 Minuten antauen lassen

TEIG

1	Tasse zerbröselte Cornflakes
40 g	Kokosraspeln
7	zerbröselte Butterkekse
3	große Eiweiße
	Pflanzenöl zum Frittieren
	Schlagsahne und Schokosoße zum Garnieren (nach Wunsch)

1. Acht Kugeln aus der Eiscreme formen, auf ein Backblech legen und wenigstens 1 Stunde einfrieren.
2. Für den Teig: Cornflakes, Kokosraspeln und Kekskrümel in eine flache Schüssel geben. In einer anderen flachen Schüssel die Eiweiße mit einer Gabel aufschlagen.
3. Die Eiskugeln nacheinander aus dem Eisfach nehmen und erst im Eiweiß und danach in der Cornflakesmischung wälzen. 1 Stunde einfrieren, bei längerer Gefrierzeit mit Plastikfolie abdecken.
4. Vor dem Servieren genug Öl zum Bedecken der Kugeln in einem großen Topf oder einer Fritteuse auf 200 °C erhitzen. Immer zwei Kugeln auf eine Schaumkelle legen und vorsichtig in das Öl absenken. Goldbraun frittieren (30–60 Sekunden). Mit dem Schaumlöffel herausnehmen und in Dessertschalen arrangieren. Nach Wunsch mit Schlagsahne und Schokosoße garnieren. Mit den restlichen Kugeln ebenso verfahren.
Für 8 Raumfahrer.

Doppelsonnen-Sorbetbombe

Dieser fruchtige Nachtisch erinnert an den Anblick der beiden Sonnen, die am Horizont von Tatooine aufgehen.

ZUTATEN

500 ml	**Orangensorbet (oder Orangeneiscreme)**
1 l	**Vanilleeiscreme, 15–20 Minuten antauen lassen**
1 Tasse	**zerbröselte Amarettini (etwa 20 kleine Kekse)**

1. Eine 13 x 23 cm große Kastenform aus Metall 30 Minuten in das Eisfach legen.
2. Währenddessen mit einem Kugelausstecher 14 kleine Kugeln aus dem Orangensorbet ausstechen und auf einem Backblech 15 Minuten einfrieren.
3. Die Kastenform herausnehmen und das restliche Sorbet hineingeben. 15 Minuten einfrieren. Form aus dem Eisfach nehmen und die Hälfte der Vanilleeiscreme hineingeben. Die Sorbetbälle in zwei Reihen darauf platzieren. Form für 15 Minuten einfrieren. Das restliche Vanilleeis darauf geben und mit einem Spatel glatt streichen. Die zerstoßenen Kekse darauf streuen und leicht andrücken. 2 Stunden oder über Nacht einfrieren.
4. Zum Servieren die Kastenform auf eine gekühlte Platte stürzen. Ein Küchenhandtuch in heißes Wasser tauchen, auswringen und 1–2 Minuten außen auf die Form legen. Diese dann vorsichtig anheben.
5. Die Eisbombe mit einem Messer, das vorher in heißes Wasser getaucht wurde, in ca. 2 cm dicke Scheiben schneiden. Das Messer nach jeder Scheibe mit einem Tuch abwischen.
Für 10–12 Portionen.

Tatooine-Terrine

Die Nusshaube dieses köstlichen Desserts erinnert an die sandige Landschaft auf Luke Skywalkers Heimatplaneten.

ZUTATEN

340 g	gehackte Vollmilch- oder Zartbitterschokolade
250 g	glatte Erdnussbutter
1 TL	Vanilleextrakt
240 ml	Schlagsahne
50 g	Zucker
125 g	gehackte geröstete Erdnüsse

1. Eine 13 x 23 cm große Kastenform mit Plastikfolie auslegen, die so weit über den Rand hinausreicht, dass die fertige Terrine damit bedeckt werden kann.
2. Schokolade in einer Metallschüssel im Wasserbad schmelzen. Erdnussbutter und Vanille unterrühren. Schüssel vom Herd nehmen und die Masse auf Zimmertemperatur abkühlen lassen.
3. Schlagsahne in einer Schüssel mit dem Mixer steif schlagen. Nach und nach den Zucker unterheben. Die steife Sahne unter die Schokomischung rühren.
4. Die Hälfte der Erdnüsse auf den Boden der Kastenform streuen. Die Schokomischung in die Form gießen und mit einem Plastikspatel glatt streichen. Darauf die restlichen Erdnüsse verteilen. Die Plastikfolie über die Form legen und leicht andrücken.
5. 3 Stunden oder über Nacht einfrieren.
6. Die Plastikfolie seitlich zurückschlagen und die Form auf eine Servierplatte stürzen. Form und Plastikfolie entfernen. Die Terrine vor dem Servieren mit einem gezackten Messer, das zuvor in heißes Wasser getaucht wurde, aufschneiden. Das Messer nach jeder Scheibe mit einem Küchenhandtuch abwischen.
Für 10–12 Portionen.

Getränke

Gefrorene Echo-Basis-Limonade

Die Echo-Basis ist ein militärischer Außenposten der Rebellen auf dem Eisplaneten Hoth. Wenn die Soldaten von der Patrouille zurückkehren, können sie sich bei diesem erfrischenden Getränk entspannen.

ZUTATEN

200 g	Zucker
	Schale von 5 Zitronen (nur das Gelbe)
250 ml	frischer Zitronensaft (von den Zitronen)

1. 500 ml Wasser, Zucker und Zitronenschale in einem Topf 10–15 Minuten sieden lassen, dabei gelegentlich umrühren. Schale herausnehmen und Zitronensaft zum Sirup geben. Auf Zimmertemperatur abkühlen lassen, dann in eine Backform aus Glas geben. Abdecken und wenigstens 4 Stunden oder über Nacht einfrieren.

2. Zum Servieren die gefrorene Limonade mit einer Gabel in Stücke zerteilen und diese in einer Küchenmaschine oder einem Standmixer zu einer breiigen Substanz verarbeiten. In gekühlten Gläsern servieren.

Für 3–4 Gläser.

Eis-Yoda

Grünes Pfefferminzeis und braune Schokolimo erinnern an die überwucherte, sumpfige Landschaft auf Yodas Heimatplaneten Dagobah. Ein wahrer Jedi-Meister teilt dieses Getränk auch gern mit seinem Freund ...

ZUTATEN	
3 EL	Schokosirup
1 EL	Milch oder Sahne
240 ml	Mineralwasser oder Sodawasser
2	große Kugeln Pfefferminzeiscreme
	Schlagsahne zum Garnieren (nach Wunsch)

Schokosirup und Milch in ein hohes Glas geben, mit einer Gabel verrühren und dabei langsam ¾ des Mineralwassers hinzugießen. Eiskugeln hineingeben und mit dem restlichen Mineralwasser aufgießen. Nach Wunsch mit Schlagsahne garnieren.

Für 1–2 Jedi-Ritter.

Eisige Hoth-Schokolade

Auf dem Eisplaneten Hoth ist es so kalt, dass sogar die heiße Schokolade gefriert. Entspann dich mit dieser Leckerei nach einem langen Tauntaun-Ritt durch den Schnee.

ZUTATEN

600 ml plus 2 EL	Milch
150 g	Zucker
60 g	ungesüßtes Kakaopulver
	Schlagsahne und Schokoraspel zum Garnieren (nach Wunsch)

1. 600 ml Milch, Zucker und Kakaopulver in einem Topf verrühren und aufkochen, bis sich der Zucker aufgelöst hat (ca. 10 Minuten). Vom Herd nehmen, abkühlen lassen und dann in eine 20 x 20 cm große Backform gießen. 2 Stunden gefrieren lassen, mit einer Gabel umrühren und weitere 4 Stunden oder über Nacht einfrieren.

2. Die gefrorene Mischung vor dem Servieren mit 2 TL Milch in eine Küchenmaschine geben und zu einer breiigen Substanz verarbeiten. In gekühlten Gläsern servieren und nach Wunsch mit Schlagsahne und Schokoraspeln garnieren.

Für 3–4 Rebellen.

Wolkenstadt-Schlummertrunk

Lando Calrissian hat Han, Luke und Leia in der Wolkenstadt zum Essen eingeladen. Dummerweise ist Darth Vader aufgetaucht, bevor sie sich den Magen vollschlagen konnten. Diese köstlichen Flocken, die an Wolken am Nachthimmel erinnern, wären der perfekte Nachtisch gewesen ...

HEIDELBEERSIRUP

300 g	frische oder gefrorene Heidelbeeren (aufgetaut)
100 g	Zucker
1 EL	frischer Zitronensaft

EISWOLKEN

120 ml	Heidelbeersirup
480 ml	Mineralwasser oder Sodawasser
4	Kugeln Vanilleeiscreme

1. Für die Soße: Heidelbeeren mit 1 Tasse Wasser in einem Topf unter ständigem Rühren 15 Minuten aufkochen. Durch ein feinmaschiges Sieb streichen und so viel Saft wie möglich mit einem Holzlöffel passieren. Den Saft mit Zucker und Zitronensaft in den Topf geben. Zum Kochen bringen und unter Rühren so lange kochen, bis sich der Zucker aufgelöst hat (ca. 2–3 Minuten). Den Sirup in einen Glasmessbecher gießen und auf Zimmertemperatur abkühlen lassen. Abgedeckt im Kühlschrank ist er bis zu 2 Wochen haltbar.

2. Für die Wolken: 60 ml Heidelbeersirup in zwei hohe, gekühlte Gläser füllen. Mit 180 ml Mineralwasser auffüllen und gut umrühren. 2 Kugeln Vanilleeis in jedes Glas geben und mit dem restlichen Mineralwasser aufgießen.

Ergibt 2 Gläser.

Index